# 现代乒乓球运动
## 多维度探究举要

张燕晓 著

·北京·

图书在版编目(CIP)数据

现代乒乓球运动多维度探究举要 / 张燕晓著. —北京:科学技术文献出版社,2018.11(2019.12重印)

ISBN 978-7-5189-4844-4

Ⅰ.①现… Ⅱ.①张… Ⅲ.①乒乓球运动—基本知识 Ⅳ.①G846

中国版本图书馆 CIP 数据核字(2018)第 225868 号

## 现代乒乓球运动多维度探究举要

| 策划编辑:张 丹 | 责任编辑:李 晴 | 责任校对:文 浩 | 责任出版:张志平 |

| 出 版 者 | 科学技术文献出版社 |
|---|---|
| 地 址 | 北京市复兴路 15 号  邮编 100038 |
| 编 务 部 | (010)58882938,58882087(传真) |
| 发 行 部 | (010)58882868,58882870(传真) |
| 邮 购 部 | (010)58882873 |
| 官方网址 | www.stdp.com.cn |
| 发 行 者 | 科学技术文献出版社发行  全国各地新华书店经销 |
| 印 刷 者 | 北京虎彩文化传播有限公司 |
| 版 次 | 2018 年 11 月第 1 版  2019 年 12 月第 2 次印刷 |
| 开 本 | 710×1000  1/16 |
| 字 数 | 204 千 |
| 印 张 | 11.75 |
| 书 号 | ISBN 978-7-5189-4844-4 |
| 定 价 | 48.00 元 |

版权所有 违法必究

购买本社图书,凡字迹不清、缺页、倒页、脱页者,本社发行部负责调换

# 前　言

随着我国改革开放的不断深入及市场体制的不断完善,我国经济得到极大发展,综合国力得到快速提升。随着经济、信息、文化全球化的快速发展,我国"国球"——乒乓球在国际上得到飞速发展,其影响力越来越大。在竞技体育全球化的不断影响下,我国乒乓球运动在面临巨大发展机遇的同时,也经受着严峻的考验。本书的写作初衷就是为推动我国乒乓球运动事业的健康发展,普及乒乓球运动的科学健身方法,扩大乒乓球运动的群众基础等方面尽一份力。

本书共计七章,较为系统全面地对乒乓球运动进行了多维度介绍。

第一章主要介绍了乒乓球运动的起源、发展、特征与价值,除此之外,本章还对乒乓球运动的欣赏、现代乒乓球运动的发展趋势进行了简单论述。

第二章主要对乒乓球运动的基本理论进行了阐述,包括乒乓球的常用术语、球拍的种类与性能、击球技术基本原理、击球基本环节与动作结构、乒乓球的基本站位与准备姿势、乒乓球的握拍法、乒乓球的步法。

第三章主要对乒乓球运动的基本战术进行了系统的研究,详细介绍了乒乓球运动的基本技术与战术,对运动员能力水平的提升具有较大作用。

第四章主要介绍了乒乓球竞赛组织编排工作的内容与程序、竞赛方法、抽签方法和编排方法,有利于运动员综合能力的提升。

第五章主要对乒乓球运动教学与训练创新发展方面进行研究,比较全面系统地研究了乒乓球运动教学的创新发展、乒乓球运动训练的创新发展、乒乓球运动教育理念的创新发展等方面的内容。

第六章不仅介绍了乒乓球运动中常见损伤的原因,而且对运动损伤的概念、分类、特点等方面做了全面介绍。在此基础上,着重介绍了在乒乓球运动中损伤的预防与损伤的诊断。

第七章主要对乒乓球运动产业化进行探究,研究方向包括乒乓球运动商业化发展、乒乓球运动职业化发展、乒乓球运动市场化发展。

本书具有理论研究科学严谨、语言简洁明了、章节结构逻辑清晰、体系立体全面等几大特点。此外,本书的写作立足于我国乒乓球运动发展的实际与当今乒乓球运动的发展趋势,突出了现代乒乓球运动的时代特征。

在本书的撰写过程中，笔者深感个人力量的渺小，撰写过程中借鉴了相关领域专家和学者的研究成果，在此特别向他们表示衷心的感谢。囿于笔者写作时间和水平所限，本书难免存在不妥之处，恳请广大读者批评指正，不胜感激！

作　者

2018 年 8 月 28 日

# 目　　录

## 第一章　乒乓球运动概述 ... 1
- 第一节　乒乓球运动的起源与发展 ... 1
- 第二节　乒乓球运动的组织机构与赛事情况 ... 5
- 第三节　乒乓球运动的特征与价值 ... 12
- 第四节　乒乓球运动的欣赏 ... 15
- 第五节　现代乒乓球运动的发展趋势 ... 17

## 第二章　乒乓球运动基本理论探究 ... 25
- 第一节　乒乓球的常用术语 ... 25
- 第二节　球拍的种类与性能 ... 32
- 第三节　击球技术基本原理 ... 36
- 第四节　击球基本环节与动作结构 ... 48
- 第五节　乒乓球的基本站位与准备姿势 ... 56
- 第六节　乒乓球的握拍法 ... 58
- 第七节　乒乓球的步法 ... 60

## 第三章　乒乓球运动基本技战术研究 ... 64
- 第一节　乒乓球运动基本技术研究 ... 64
- 第二节　乒乓球运动基本战术研究 ... 94

## 第四章　乒乓球运动竞赛组织编排探究 ... 102
- 第一节　竞赛组织编排工作的内容和程序 ... 102
- 第二节　竞赛方法 ... 105
- 第三节　抽签方法 ... 114
- 第四节　编排方法 ... 121

## 第五章　乒乓球运动教学与训练创新探究 ... 134
- 第一节　乒乓球运动教学的创新发展 ... 134
- 第二节　乒乓球运动训练的创新发展 ... 139
- 第三节　乒乓球运动的创新教育理念 ... 145

## 第六章　乒乓球运动常见损伤及预防探究……………………148
### 第一节　乒乓球运动损伤的概念、分类与特点……………148
### 第二节　乒乓球运动损伤的原因与预防原则………………154
### 第三节　乒乓球运动损伤的诊断……………………………160

## 第七章　乒乓球运动产业化探究…………………………………165
### 第一节　乒乓球运动商业化发展……………………………165
### 第二节　乒乓球运动职业化发展……………………………170
### 第三节　乒乓球运动市场化发展……………………………177

## 参考文献……………………………………………………………181

# 第一章 乒乓球运动概述

> 乒乓球是中国的国球,无论是在竞技体育层面还是大众健身层面都拥有良好的发展势头。因此,要想更好地参与乒乓球运动,对它的产生和发展历程及其他理论知识进行了解就显得很有必要。

## 第一节 乒乓球运动的起源与发展

在本节当中,主要内容包括乒乓球的起源诞生和发展过程。在发展过程中,重点介绍乒乓球在我国的发展历程。

### 一、起源

乒乓球运动于19世纪末期起源于英国,随后传播到整个欧洲。乒乓球运动的起源与网球的关系非常密切。有记载认为,19世纪后半叶,很多英国大学生受到网球运动的启示,一种极类似现在乒乓球的室内游戏逐渐风靡开来。这种运动在发球时,可将球直接发到对方台面或者把球先发到本方台面再跳至对方台面。球拍用羊皮纸贴成,形状为长柄椭圆形,内部是空心的。为了防止球乱跳损坏其他设施,在橡胶或软木实心球外,往往包上一层轻而结实的毛线。这种游戏可在饭桌上支起网来打,甚至简单地在地板上用两个椅子当作支柱,中间挂起网就能进行。

后来,英格兰人詹姆斯·吉布到美国旅行时,偶然发现了一种用赛璐珞材质制成的空心玩具球弹性较好。所以他将这种材质的球运用到这项游戏中,从而代替了橡胶和实心球。这种材质的球逐步在英国和世界各地获得了广泛推广。由于当时普遍使用的那种球拍击到球时会发出奇特的"乒乓"声音,所以这项运动就被命名为"乒乓球"。

## 二、发展历程

在这里,我们介绍乒乓球在欧洲、日本及中国的发展过程。

### (一)欧洲的全盛时期

1926—1951年是欧洲乒乓球运动发展的全盛时期。在乒乓球运动发展中,这一时期是发展历程当中相当长的一个阶段。从技术打法方面来说,主要是以削为主或削攻结合型打法,在那一时期,比赛的指导思想就是自己少失误,并且想办法增加对方的失误量。其中的具体原因包括以下几点。

第一,当时的乒乓球技术处于初级阶段,并没有人掌握高级或难度大的技术。削球失误少,攻球失误很多,尤其是加力的大板扣杀,技术难度更大。所以当时的运动员做出这种选择是非常容易理解的。

第二,运动员使用的胶皮拍有利于削球打法的运用,因为胶皮拍的特点是弹力小、易掌握,有一定的摩擦力,可让球旋转。

第三,乒乓球台窄、球网高(当时的球台宽为146.4 cm,球网高17 cm),这种球台也有利于防守。稳健的削球打法是这一时期的主要技术打法,不过由于在这一时期乒乓球比赛并无时间限制,所以比赛往往会使人感觉冗长乏味。

因此,在第11届世界乒乓球锦标赛(以下简称"世乒赛")做了改革,主要包括球台从146.4 cm加宽到152.5 cm,球网从17 cm降低到15.25 cm;发球时不能用手指拨动球使其旋转;在五局三胜的比赛当中比赛时间不得超过105 min;在三局两胜的比赛当中比赛时间不得超过60 min。

### (二)日本乒乓球的繁盛时期

1952—1959年,日本乒乓球发展处于全盛时期。1952年,日本首次参加世乒赛。日本选手采用全新的直拍全攻型打法,这使得欧洲乒乓球运动员在技术上受到很大的冲击,日本乒乓球运动员也因为这一技术,连续击败了许多欧洲名将,一举夺得了男子单打、男子双打、女子团体和女子双打4项冠军。在第21至第25届世乒赛中蝉联男团冠军,并多次获得5个单项冠军,共计24项次。在第21届世乒赛上,日本乒乓球队同时获得男女2项团体冠军。第25届世乒赛,日本队更是一举夺得7项中的6项冠军,取得了划时代的成功。日本的乒乓球之所以能够取得突飞猛进的发展,原因主要有以下2点。

1.打法独特

我们在这里介绍的直拍远台长抽进攻型打法是日本独树一帜的打法,通过运用这种打法,日本克服了不足,发挥了长处,有利于取得最后的胜利。

2.球拍革新

日本选手使用了海绵球拍,这种球拍可以提高乒乓球的速度和旋转,同时也把乒乓球技术推进到快速阶段。

因此,从那一时期开始,世界乒乓球技术从欧洲的防守削球时代进入了亚洲的积极进攻时代。

(三)中国乒乓球的崛起

1959—1969年是中国乒乓球运动崛起的年代。1952年3月,中国加入国际乒乓球联合会,在1953年第一次参加了世乒赛。此后,通过长期不懈的努力,容国团在第25届世乒赛中成功夺得男子单打冠军,这是中国第一枚男子单打世界金牌。此后,中国的乒乓球运动发展势不可挡,迅速发展起来,并在各项比赛中都取得了好成绩。

总体来说,中国乒乓球运动的崛起主要有以下几点原因。

1.技术独特

在我国的乒乓球打法中,"快、狠、准、变"是一贯技术风格。正是这种技术风格,让我们一次又一次取得胜利。

2.不断创新的技术打法

中国使用的积极、主动、快速的直板近台快攻打法,既遏制了日本队的中远台攻势,也控制了欧洲的旋转打法。

3.战术应用得当

在比赛中,中国队采用了快打狠压侧身攻和反复调动等一系列有效战术。

(四)欧洲复兴、欧亚争夺时期

1971—1988年是欧洲乒乓球开始复兴且欧亚进入争夺阶段的重要时期。20世纪70年代之后,世界乒乓球技术进入了快速发展时期,欧洲运动员在结合了中国快攻和日本弧圈优点的基础上,创造了弧圈结合快攻和快攻结合弧圈的新型打法,在比赛中对亚洲选手造成很大的威胁。经过此后

20多年的继续努力,欧洲乒乓球终于走上了复兴之路。

欧洲乒乓球能够获得复兴,主要有以下4个原因。

**1.打法兼收并蓄**

在打法全面的基础上突出技术特长。欧洲选手在拉、冲、扣等技术上灵活结合,运用自如,正手、反手、侧身都能进攻,下旋、上旋也能进攻,还创造出了半推半搓式的接发球方法。

**2.打法推陈出新**

他们吸取了中国快攻打法和日本的弧圈球打法的优点,结合自身的传统打法,创造出横拍弧圈球结合快攻和快攻结合弧圈球2种新打法。

**3.战术多变**

欧洲选手在战术上也有明显的优势,特别是在比赛中的攻防转换快和多,突出了他们的战术变化。

**4.比赛与训练相结合**

欧洲选手的训练和比赛结合紧密,有时训练就是比赛,同时比赛也是训练。因此,他们对比赛的适应能力很强,尤其是比赛时心理素质的稳定性更为突出。欧洲乒乓球职业化迅速发展,各种比赛频繁,加上待遇优厚,极大地促进了欧洲乒乓球技术的发展。欧洲的复兴与亚洲形成了抗衡和争夺之势。

### (五)中国乒乓球发展的鼎盛时期

1991年至今是中国乒乓球发展最鼎盛的时期。自从1981年中国队赢得冠军之后,就经历了一段低谷时期。不过,经过14年的奋斗,中国队终于夺得第43届世乒赛上全部比赛的7项冠军,重攀高峰,再创辉煌。

中国乒乓球队自第43届世乒赛上获得全胜后,从真正意义上改变了自20世纪80年代末至90年代中期世界乒坛的实力次序。在第44届世乒赛上,中国男女队再次保持荣誉,夺得6金。1999年第45届世乒赛单项比赛,中国队又一次大获全胜,包揽了5个单项的冠、亚军。第46届世乒赛上,中国男、女队包揽了所有项目的7块金牌。2004—2012年,在多哈、上海、不来梅、萨格勒布、北京、多特蒙德6个城市连续6年的世乒赛上,中国乒乓球队更是包揽了全部所有项目的冠军。[①]

---

[①] 张伟峰.现代乒乓球运动的多维探索与实战训练研究[M].北京:中国纺织出版社,2018:6.

中国乒乓球队逐步进入鼎盛发展时期,其主要原因有以下几点。

1.机制的完善

乒乓球在中国拥有广泛的群众基础,被誉为"国球"。国家级的运动员一般都是由县、市、省等各级体校多年的精心培养而输送的优秀选手。

2.通过创新来注入活力

在"快、狠、准、变"的基础上增加"转",从学习、掌握弧圈球基础上发展丰富中国的直板近台快攻打法,从用直拍反胶打快攻到运用两面不同性能的球拍主动进攻,并创新直拍反面击球技术等,这些都是中国乒乓球队长盛不衰的主要原因。

3.勇于提拔新人

中国乒乓球队经常大胆起用新人,为队伍注入活力,而且在比赛中屡出奇兵。另外,随着新队员的加入,技术打法也在不断更新和升级。

4.知彼知己,百战不殆

赛前中国队在训练中会将国外主要选手的技战术优点和缺点仔细进行分析,研究出周密细致的对策,并派专人模仿国外选手进行陪练。"知彼知己,百战不殆"是中国队比赛中取胜的关键。

# 第二节 乒乓球运动的组织机构与赛事情况

了解过乒乓球的发展与起源之后,我们来介绍乒乓球运动的组织机构与赛事情况,具体包括乒乓球运动的国际组织机构、乒乓球运动的国内组织机构、乒乓球运动的国际赛事及国内赛事。

## 一、国际组织机构

(一)国际乒乓球联合会

国际乒乓球联合会于1926年12月在英国伦敦成立,国际乒乓球联合会是由各个国家和地区的乒乓球协会组成的。

当时参加国际乒乓球联合会的成员国有德国、英国、奥地利、匈牙利、捷克斯洛伐克、瑞典、威尔士、丹麦和印度。1939年,第二次世界大战前,会员增至28个。目前,国际乒联拥有200多个会员协会,分属国际乒联承认的欧洲乒联、亚洲乒联、非洲乒联和南美洲乒联。国际乒联总部设在英国东萨塞克斯郡的黑斯廷斯。

1.国际乒乓球联合会宗旨

(1)确定奥运会的参赛资格,确定并维护乒乓球竞赛规则和国际竞赛规程,出版包括章程、竞赛规则和规程在内的规章的标准本。

(2)国际乒联的原则是行动一致、相互尊重,不得对任何组织和个人进行政治的、宗教的或其他任何形式的歧视。

(3)国际乒联遵守《奥林匹克宪章》的基本原则,维护国际乒联的原则,发扬协会和运动员之间的友好精神。

(4)发展友好的体育比赛,消除不公正的行为和诸如服用药物来影响比赛成绩的非体育行为。

(5)协调各协会之间及协会同其他团体之间的关系,继续提高乒乓球技术水平,并在全世界扩大乒乓球运动的影响。

(6)鼓励用其他文字出版规章并核对这些版本的准确性。

(7)资金的使用要有利于乒乓球运动的开展。

(8)促成和监督世界级比赛的举办。

2.国际乒乓球联合会管理机构

国际乒乓球联合代表大会是国际乒乓球联合会的管理机构,也是最高权力机构。

3.国际乒乓球联合会领导和部门设置

国际乒乓球联合会设主席1人,第一副主席1人,副主席6人(分别负责亚洲、非洲、欧洲、北美洲、大洋洲、南美洲工作),名誉司库和名誉秘书长各1人,均由代表大会选举产生。理事会在代表大会闭会期间处理国际乒联事宜,执行委员会处理日常工作,还有7个专门委员会负责其他事宜。

国际乒乓球联合会自创立至今已有7位主席任职,首任主席是创始人之一伊沃·蒙塔吉先生(英国),第二任主席是罗伊·埃文斯(威尔士),第三任主席是荻村伊智朗(日本),第四任主席是哈罗·哈马隆得(瑞典),第五任主席是徐寅生(中国),第六任主席是沙拉拉(加拿大),第七任即现任主席是维克特(德国)。

4.国际乒乓球联合会的主要活动

国际乒乓球联合会的主要活动为每2年委托一个成员协会主办世界乒

乓球锦标赛,同时、同地召开国际乒乓球联合会代表大会。此外,国际乒联每年还举行男子和女子世界杯比赛。为了适应市场化和职业化的需要,国际乒联于1996年推出了职业巡回赛。

(二)亚洲乒乓球联盟

1972年5月月初,亚洲乒乓球联盟在中国北京饭店正式宣告成立。到目前为止,亚乒联盟共有会员协会40多个。

亚洲乒乓球联盟的宗旨是增进亚洲地区人民和运动员之间的友谊,发展亚洲与其他各洲乒乓球界的友好联系,促进亚洲乒乓球运动的普及、发展和提高。

## 二、乒乓球运动的国内组织机构

(一)中国乒乓球协会

中国乒乓球协会是具有独立法人资格的全国性群众体育组织。中国乒乓球协会是代表中国参加乒乓球项目活动的最高社会团体,是代表中国参加相应的国际乒乓球活动的唯一合法组织,也是国家体育总局乒乓球羽毛球运动管理中心的常设办公机构。

中国乒乓球协会是中华全国体育总会的团体会员,是中国奥林匹克委员会承认的全国性运动协会。该协会接受国家体育总局和民政部的业务指导与监督管理。

中国乒乓球协会于1953年3月正式加入国际乒联,从而使乒乓球成为新中国成立以后最早解决新时期体育组织国际代表资格的项目。同年,中国乒乓球协会首次派队参加了在罗马尼亚首都布加勒斯特举办的第20届世界乒乓球锦标赛。中国乒乓球协会作为世界乒乓球大家庭的成员之一,多年来一贯支持国际乒联的工作,还向乒乓球运动不够普及的国家和地区选派了大量的教练员及其他技术人员,并提供了大量乒乓球运动器材,为世界乒乓球运动的普及和发展做出了巨大贡献。

1.中国乒乓球协会的宗旨

(1)在遵守国家宪法、法律和有关政策下,团结全国乒乓球工作者、运动员和积极分子,指导、发展我国的乒乓球运动,促进社会主义精神文明建设。

(2)推动乒乓球运动的普及和技术水平的提高。

(3)增进与各国乒乓球协会和运动员的友谊,加强与国际乒联和亚乒联盟的联系与合作。

### 2.中国乒乓球协会的组成

中国乒乓球协会下设6个专项委员会：教练委员会、裁判委员会、器材委员会、科研委员会、少年委员会、新闻委员会。各专项委员会职责如下。

(1)教练委员会职责

①组织教练员理论探讨和业务交流。

②编写教练员教材。

③组织教练员培训。

④组织教练员观摩、学习和考察。

⑤负责各级国家队教练员的推荐和选拔。

⑥为各级国家队的组建、指导思想、训练、比赛、管理等提供建议。

(2)裁判委员会职责

①审查、批准、公布《乒乓球竞赛规则》中文译本。

②组织管理裁判员队伍，制定有关的纪律和规定，由协会常务委员会批准后执行。

③编写裁判员教材。

④组织裁判员培训。

⑤审批国家级裁判员。

⑥指导和监督裁判员选派工作。

⑦向中国乒乓球协会推荐申报国际级裁判员名单。

(3)器材委员会职责

①加强与国际乒联器材委员会的联系，传递国际乒乓球运动器材生产、经营等信息。

②制定、修改乒乓球器材的标准，审批我国生产的乒乓球器材。

③探讨、革新乒乓球运动器材，促进器材生产的技术进步和经济效益的提高。

④组织学术讨论和技术交流，组织乒乓球运动器材生产单位进行开发和研究。

(4)科研委员会职责

①对乒乓球训练、比赛的理论和实践及乒乓球运动发展规律，进行学术研究和探讨。

②为中国乒乓球运动在科学训练上提供科学依据和理论指导。

③为运动员提高运动技术水平提供科研支持。

(5)少年委员会职责

①指导、协调全国少年乒乓球运动的发展。

②对少年乒乓球运动的组织、管理、训练、竞赛等提出建议。

③指导和监督由中国乒乓球协会主办或承办的国际性少年比赛。
(6)新闻委员会职责
①就中国乒乓球协会的新闻宣传工作提出建议。
②起草、修改有关的新闻宣传管理规定,报常务委员会批准执行。
③协助新闻单位组织与安排乒乓球新闻宣传。
④指导和监督乒乓球比赛电视、广播工作。
⑤指导和监督《乒乓世界》及其他报刊的出版工作。

(二)乒乓球运动管理中心

1994年,中国乒乓球运动的职能部门——乒乓球运动管理中心成立。其宗旨是"承担运动项目管理职能的国家体委直属事业单位,是所管项目单项协会的常设办事机构,负责所管项目的各项工作"。现行的乒乓球运动管理中心下设办公室、乒乓一部和乒乓二部等部门。

1.乒乓一部

乒乓一部负责研究和制定乒乓球项目的发展规划,建立本项目的法规;组织国家计划内全国竞赛及在国内举办的国际性比赛;协调和服务国家队,组织和实施后备人才培养工程,规划中国乒乓球协会训练基地建设;组织中国运动员参加国际比赛;开展教练员培训和乒乓球项目的科学研究;建设裁判员队伍。

2.乒乓二部

乒乓二部负责策划和发展全国乒乓球俱乐部联赛、开发乒乓球产业、组织开展全民健身活动、推广中国乒协会员制、审批竞赛器材等工作。

### 三、乒乓球运动的国际赛事

伴随着乒乓球运动的不断发展,乒乓球赛事的种类和规模亦不断扩大。如今,世界乒乓球锦标赛、奥运会乒乓球比赛及世界杯乒乓球赛构成了世界乒乓球运动最为重要的赛事。

(一)世界乒乓球锦标赛

1926年12月6—12日,英国伦敦举行了第1届世界乒乓球锦标赛,设立了男子团体、男子单打、女子单打、男子双打、混合双打5个项目,当时参赛的女运动员人数不多,所以没有设立女子团体和女子双打项目。

当时国际乒联规定世界乒乓球锦标赛每年举行一届,但第2届由于经济原因,推迟到1928年1月在瑞典的斯德哥尔摩举办,这届比赛增加了女子双打项目,到了第8届世界乒乓球锦标赛才增加了女子团体项目。

至此,世界乒乓球锦标赛项目共计7项:男子团体、女子团体、男子单打、女子单打、男子双打、女子双打、混合双打,成为乒乓球国际赛事中项目设置最多、最全的一项比赛。

1940—1946年,世界乒乓球比赛因第二次世界大战而中断举行。1947年,第14届世界乒乓球锦标赛在法国巴黎举行。1957年,第24届世界乒乓球锦标赛之后,开始每2年举办一届。第45届世界乒乓球锦标赛因南斯拉夫局势而被迫延时、异地举办,并且单项赛和团体赛分开举行。

第46届世界乒乓球锦标赛成为最后一届单项比赛和团体赛在一起举办的世界乒乓球锦标赛。从第47届起,单项比赛和团体比赛分别在两个不同国家或地区举行,先进行单项比赛,后进行团体比赛。截至2018年,共举办了54届世界乒乓锦标赛。

世界乒乓球锦标赛奖杯的设置情况如下所示。

第一,斯韦斯林杯——男子团体赛奖杯:由第1任国际乒联主席伊沃·蒙塔古先生的母亲——前任国际乒联名誉主席斯韦思林女士捐赠,故以她的名字命名。

第二,考比伦杯——女子团体赛奖杯:由法国的乒协主席马赛尔·考比伦先生捐赠,故以他的名字命名。

第三,圣·勃莱德杯——男子单打比赛奖杯:由英国的伍德科克先生捐赠,以伦敦的圣·勃莱德乒乓球俱乐部的名称命名。

第四,吉·盖斯特杯——女子单打比赛奖杯:由前任匈牙利乒协主席吉·盖斯特先生捐赠,故以他的名字命名。

第五,伊朗杯——男子双打比赛奖杯:由前任伊朗国王捐赠,故以伊朗的国名命名。

第六,波普杯——女子双打比赛奖杯:由前任国际乒联主席波普先生捐赠,故以他的名字命名。

第七,兹·赫杜塞克杯——男女混合双打比赛奖杯:由前捷克斯洛伐克乒协秘书兹·赫杜塞克先生捐赠,故以他的名字命名。

以上7个项目的奖杯都是流动的,各项冠军获得者可保存该项奖杯到下届世界乒乓球锦标赛开始前,并在奖杯上刻上国名或运动员名字,然后交给下届世界乒乓球锦标赛组委会。男、女单打冠军,如果连续3次获得圣·勃莱德杯或连续4次获得吉·盖斯特杯,则由国际乒联制作一个小于原奖杯一半的复制品,由获得者永久保存。

## （二）奥运会乒乓球赛

奥运会乒乓球赛为乒乓球国际比赛的重要赛事。1981年，在巴登召开的第84届国际奥委会全体委员会决定将乒乓球列入1988年奥运会正式比赛项目，设立男子单打、男子双打、女子单打、女子双打4个比赛项目。

在2008年北京奥运会上，将男、女双打改为男、女团体。乒乓球进入奥运会后，大大提高了乒乓球运动在国际体坛的地位。众多国家开始高度重视乒乓球运动，对其投入了更多人力、物力和财力，有力地推动了世界乒乓球运动的发展。

## （三）世界杯乒乓球赛

世界杯乒乓球赛是国际乒联组织的又一项重要赛事。目前，世界杯每年举办一届女子单打比赛和一届男子单打比赛。世界杯参赛人数少、比赛时间短、水平高、精彩场次多，很受观众欢迎。

# 四、乒乓球运动的国内赛事

## （一）全国乒乓球锦标赛

全国乒乓球锦标赛是中国乒乓球协会举办的全国规模的赛事，是全国最高水平的乒乓球比赛。参赛单位为在中国乒协注册的各省、自治区、直辖市乒乓球队。

1952年，在北京举办了第1届全国乒乓球锦标赛。截至2016年共举办了54届。全国乒乓球锦标赛设有男子团体、女子团体、男子单打、女子单打、男子双打、女子双打、混合双打7个比赛项目。

## （二）全国运动会乒乓球比赛

全国运动会乒乓球比赛简称"全运会乒乓球比赛"，它是国内重要的乒乓球赛事之一，以省、市、自治区各行业体协为竞赛单位，每4年举办一届。自1959年9月，在北京举办第1届至2017年，已举办了13届全运会乒乓球比赛。

## （三）中国乒乓球俱乐部比赛

中国乒乓球俱乐部比赛是由中国乒乓球协会和中央电视台联合主办的

国内大型乒乓球赛事,其前身为 1998 年的红双喜中国乒乓球俱乐部甲级联赛。

比赛只设男子团体和女子团体 2 个项目,共包括 12 支男队和 12 支女队,均采用循环赛主客场制。每届比赛男、女队最后 2 名自动降级,参加次年度全国甲 A 联赛。该年度全国甲 A 联赛前两名将于次年升级参加超级联赛。

比赛采取分站式的赛会制比赛方式,除甲 A 联赛每年设立 3 站比赛之外,其他联赛每年均设立 2 站比赛;各站比赛均采用先分组循环,再以相邻 2 个名次的队组成淘汰小组并增加附加赛排出全部名次。根据年度总名次,各级联赛的前 2 名晋升到上一级联赛,后 2 名降级进入下一级联赛。

## 第三节 乒乓球运动的特征与价值

### 一、乒乓球运动的特征

(一)运动的设备器材简单

乒乓球运动需要的设备器材比较简单,随时随地都可以开展运动。

首先,乒乓球运动所需要的场地不大,一般场地的规格为长 20 m、宽 7 m、高 4 m,其面积仅是网球场的 1/7、足球场的 1/73。因此,在场地方面的限制比较小,甚至可以在家庭中开展。

其次,在设备器材的材料方面,乒乓球运动要求不高,所用的台子可用任何材料制成,只要保证台面均匀,具有合适的弹性即可。台面的具体弹性要求是,用标准乒乓球从台面上空 30 cm 处落下后弹起 23 cm 即为合适。此外,球台的台面颜色没有过多限制,但应呈现均匀的暗色、无光泽,一般用的颜色为墨绿色和海蓝色,在目前的大型比赛中,台面常选用海蓝色球台同红色地面、黄色乒乓球相配套。台子中间还放置一个高度为 15.25 cm 的网子,台面四周还应画上 2 cm 宽的白线,在进行双打时,还要在台面中央画一条 3 mm 宽的白线。

最后,乒乓球的球体较轻,球速快。乒乓球是最小的球类体育运动,其球体为 40 mm 的大球,球重 2.7 g,球的材料用赛璐珞材料或类似的塑料制成,在比赛中可以用白、黄、橙 3 种颜色的球。乒乓球运动技巧性较强、速度快、变化多,具有很高的趣味性,球速最快可达到 50 m/s 左右,加转弧圈球的转速高达 176 r/s,各种不同的旋转多达 26 种。

### (二)具有广泛的群众基础

乒乓球具有广泛的群众基础,无论男女老幼都可参加,而且对运动者的身体条件要求不高,历届中国乒乓球男子世界冠军级运动员的平均身高只有 1.72 m,女运动员平均身高只有 1.62 m,并没有与普通人的身高有很大的差距。不仅如此,由于乒乓球对场地器材要求不高,在室内外都可进行,而且运动量可大可小,不同年龄和身体条件的人都可参加。因此,具有广泛的适应性和较高的锻炼价值,便于推广和普及。

### (三)具有较强的娱乐健身性

乒乓球运动的击球技巧性较强,趣味性很高,容易被大众接受,具有较强的娱乐性,人们在参与乒乓球运动的过程中可以放松身心,尽享运动的快乐。

乒乓球运动不仅具有较强的娱乐性,还具有健身性。乒乓球球速快、变化多、技巧多变,这就要求参与者在短时间内习得较强的反应能力和应变能力,因此,具有很高的健身性。研究表明,经常参与乒乓球运动可以有效改善人的心脑血管系统的机能,提高动作的速度和上、下肢的活动能力,而且还可以发展人的协调性和灵敏性,从而起到促进新陈代谢、增强人体素质的作用。

### (四)具有竞技对抗性

乒乓球运动不仅是一项娱乐健身项目,而且也是一种体育竞赛项目,具有竞技对抗性。乒乓球比赛设有单打、双打、团体项目,比赛双方所使用的器材各不相同,打法多样,技战术复杂多变,使得比赛充满着适应与反适应、控制与反控制的矛盾。因此,乒乓球运动表现出较强的竞技对抗性特征。

## 二、乒乓球运动的价值

### (一)增强人的身体素质

1.有效改善人的心血管系统和呼吸系统功能

经常参与乒乓球运动可以有效改善人的心血管系统和呼吸系统功能。

研究表明,长时间的运动会使人的心肌变得更加发达有力、心容量加大、每搏输出量增多。一般健康成年男子安静时心率在 65~75 次/s,成年女子为 75~85 次/s,但对于长期坚持乒乓球训练的人来说,安静时男子心率为 55~65 次/s,女子为 70 次/s 左右。由此可见,长期的乒乓球运动可使人的心搏放缓、血压降低,从而提高心脏的工作效率,改善人的新陈代谢,从根本上提高人的身体机能。

2.提升人体神经系统的灵活性

在参与乒乓球运动时,球的高速运动有效锻炼了运动员的快速判断能力和反应能力,使得运动员在有效的时间内快速采取相应的对策、迅速移动步法、调整击球的位置与拍面角度、进行合理的还击,上述一切活动都是在大脑的指挥下进行的。因此,坚持坚持乒乓球运动可以有效提升人体神经系统的灵活性,提高人的反应速度和应变能力。

3.提升人体的运动水平

长期坚持乒乓球运动可以使全身的肌肉和关节组织得到充分的活动,从而使得肌肉更加发达有利、关节更为灵活稳固,从整体上提升上、下肢的活动能力,提高人体的力量素质、速度素质和身体的灵活性与协调性,从而提升机体的运动水平。总而言之,在乒乓球运动中,动作掌握得越多,各种肌肉的发展越趋于协调,就越能提升人体的反应速度,使得身手敏捷、四肢灵活,具有较高的运动水平。

(二)提升人的心理素质

乒乓球运动具有较强的竞技对抗性,尤其是在比赛中,竞争极为激烈,而且赛场上的情况瞬息万变,成功和失败经常转换。运动者要经历复杂的情绪变化,承受变幻莫测的结果和激烈的竞争角逐,这在无形中锻炼了人的心理承受能力,有效提升了人的心理素质。

(三)提升人的交际能力

乒乓球运动需要至少 2 个人参与,在参与过程中可与队友相互切磋球技、交流经验,无形中提升了人与人之间的交往能力,使得人们在社会化活动中有更好的人际交往能力,为发展良好的人际关系打下基础。

## 第四节　乒乓球运动的欣赏

### 一、乒乓球运动欣赏能力的培养

（一）懂得乒乓球运动的技战术特点

要欣赏乒乓球运动的美，首先要懂得乒乓球运动的技战术特点。例如，在比赛过程中，运动员运用了哪些技术、取得了怎样的效果、在比赛过程中又是如何对技战术进行调整等一系列问题，只有懂得了这些，明白了其中的门道，才能从中获得意想不到的乐趣，才能更好地欣赏乒乓球运动。

（二）熟悉运动员的打法与风格

乒乓球运动技法多变，每个人有不同的打法和风格，即便是一个团队也有团队的打法和风格。例如，在赛场上，运动员是快弧打法、快攻快打还是削攻相结合等打法，在风格上是训练型或比赛型、求稳型或拼搏型、薄弱型或顽强型、急躁型或沉稳型、技术全面型还是特点突出型等。只有熟悉了运动员的打法与风格，才更能体会乒乓球运动中的乐趣，从而欣赏乒乓球运动中所体现出的技术之美和对抗之美。

（三）熟悉乒乓球竞赛的规则

一个合格的乒乓球运动欣赏者，一定要熟悉乒乓球运动竞赛的规则。乒乓球运动的比赛规则是不断完善和演变的，尤其是在近几年的比赛规则演变中，规则的变化是比较快的。例如，比赛的球由原来的小球变成了大球，对于球拍的使用有严格的规定，比赛实行 11 分制，在发球的过程中不能有任何遮挡等。在欣赏乒乓球比赛时，一定要提前熟知该运动项目的竞赛规则，只有这样才能够欣赏到比赛的意义。

（四）注重欣赏意识的培养

培养大学生对乒乓球运动的欣赏能力要注重对其欣赏意识的培养，具体来说要从以下几方面着手。

首先,要使大学生对乒乓球运动的重要性有正确的认识,使其明白参与乒乓球运动不仅可以强身健体,而且还可以放松身心,无论是对身体素质还是心理素质都有较好的提升。

其次,要着重培养大学生对乒乓球运动的兴趣。兴趣是最好的老师,当对某一项运动有兴趣时,学生就会主动去关注相关的信息并积极地参与其中,更能从中体会乒乓球运动的乐趣,更好地欣赏乒乓球运动。

最后,要重点培养大学生的观察能力和在参加或观看比赛时的判断能力。在遇到有高超水平的运动员时,一定要时刻注意该运动员的技术动作和高超战术的运用,同时也要对裁判的判罚标准和教练员临场指挥布阵等有深入细致的观察,勤思考、多观察、多提问,欣赏能力和水平会有显著的提高。

## 二、乒乓球运动欣赏的内容

### (一)运动员的技术美

技术美是乒乓球运动欣赏的核心,在进行比赛时,运动双方互展绝技,一方在进攻端长拉短吊,另一方则是要灵活变动,在双方激烈的比赛中,充分展现了乒乓球运动的技术之美。例如,在运动员击球时,极快的速度让人眼花缭乱,目不暇接,给人以运动美、技术美的享受。

### (二)比赛的对抗美

乒乓球运动具有明显的竞技对抗性,在比赛过程中双方都在进行着体能和力量及技术性等方面的对抗。在激烈的对抗中,乒乓球在双方的球拍中跳动,双方相互击球,都在寻找一种使对方接不到球的方法,乒乓球的乐趣在此过程中体现得淋漓尽致,比赛的对抗美也得到充分展现。

### (三)比赛环境的视觉美

目前的乒乓球比赛对于场地环境的布置非常重视,在符合比赛环境要求的基础上,场地的布置更为典雅大方。例如,空间布局更为合理、现场光线的搭配、空间的利用及比赛场地和观众席位的安排等都更具人性化,给观众带来更好的视觉享受。

### (四)运动服饰的文化内涵美

乒乓球运动员所穿戴的运动服、帽子、鞋子等在一定程度上体现了一个国家的文化和审美水平,当穿着得体时,在视觉上就会给人以阳光向上的感受,给人以好的视觉体验。例如,在第 48 届世界乒乓球锦标赛上,我国运动员的运动服上有一条金黄和火红颜色相间的龙,形似"China"字样,使得各国都知道,中国就像是一条腾飞的巨龙。

(五)裁判员的执法艺术

裁判员能够最大限度地保证运动员的个人良好品德和真实的运动技能及水平的发挥,因此,裁判员要对比赛进行公平、公正的判罚。在执法比赛的过程中,裁判员英姿飒爽、风度翩翩,给比赛增添了一份靓丽的风景,而且公平、公正的裁判能够激发观众的正义感和责任感,对于人们自觉遵守道德标准具有重要的意义。

(六)运动员的"乒乓精神"

在赛场上,运动员们顽强拼搏、不放弃、坚持到底,这种"乒乓精神"就像是巨大的磁场,吸引着人们去追求和欣赏。这种精神无论是对于乒乓球运动员还是普通人都有着积极的意义,鼓励着人们勇于追求、勇往直前、决不放弃。

## 第五节 现代乒乓球运动的发展趋势

作为我国的"国球",乒乓球运动的发展是非常快的。在这一发展过程中,乒乓球表现出了诸多发展趋势,这势必会对乒乓球运动的未来发展发挥出指向性的作用。现代乒乓球运动的主要发展趋势逐渐表现为进攻更为积极主动、打法愈发凶狠、技能特长突出、技术全面无明显漏洞、战术更加灵活多变,而且与现代社会的融合越来越明显。

### 一、乒乓球的现代发展趋势

(一)积极主动、打法凶狠

随着我国乒乓球技术的发展,高水平的运动员必须具备积极主动、打法凶狠的能力,这种技术能够使运动员加快击球速度、加大击球力量、加强抢攻意识。同时,由于弧圈球技术非常受欢迎,发展很快,因此击球的力量、速度和球的旋转大大加强,使得运动员在比赛中一旦处于被动地位,便很难翻身,特别是在发球、发球抢攻和接发球这3种传统意义上的"前三板"技术方面表现得非常明显。

因此,在现代乒乓球的发展中,比赛更加趋向于先起板、多进攻的打法,强调打法凶狠,要争取对对方形成全面的控制。这是乒乓球运动主要的发展方向之一。

(二)技术全面

对于优秀的乒乓球运动员来说,他们不仅应当具备突出的特长,并且要做到在特长突出的基础上,对多种技术熟练掌握,从而没有明显的技术短板,做到"一精多能"。技术全面、没有明显漏洞听上去比较容易实现,但是实践起来却并没有那么容易。

就拿以进攻性打法为主的运动员来说,他们往往也必须具备一定的防守能力。相反,以防守为主的运动员也不能够在进攻上一无是处。

一个运动员前三板技术好,并不是说他在相持时实力上就要占尽劣势。发球以旋转为主的运动员,对发球的速度或落点也要加以钻研。会发短球的运动员也应在长球的发球上有着很好的技术来配合其技术长处。发球后能抢攻对方拉过来的上旋球的同时也能抢攻对方搓过来的下旋球。能面对进攻型选手打得很好,同时也要具备足够的手段来对付防守型选手。这些技术是作为一名优秀运动员不可缺少的技术。

(三)技能特长突出

对于运动员来说,特长突出是必须具备独特的拿手技术,即通常人们所说的"绝招"。对于一名运动员来说,特长越是明显,那么他也就拥有更多对方不具备的绝招,也就相应地拥有更强的技战术水平。乒乓球大多数是个人竞赛项目,因此,个人技术的优劣对比赛的胜负起着决定性作用。

根据上文论述可以知道,在欧洲以弧圈球为主和快攻结合弧圈球打法更加成熟,中国直拍快攻和直、横拍快攻结合弧圈球打法不断创新发展的情况下,乒乓球运动员如果想在成绩上取得更大的突破,必须做到技术先进全面、没有明显漏洞,前三板球能积极抢先上手,并且具备相持中争得主动的能力,方可在比赛中赢得主动权和比赛的胜利。

## 二、乒乓球与现代社会的融合

每一项体育运动的发展都离不开社会环境的变化,乒乓球运动也不例外。乒乓球运动在我国开展得最为普及,而且取得的效果最好,这无疑与我国的社会环境有着密切的关系。在此,我们对乒乓球运动与现代社会中多种元素的关联度、融合度进行逐一分析。

(一)价值观和竞争意识

1.乒乓球运动与价值观念

价值观念不仅是文化观念的核心,也是文化精神的集中体现,还是人们对社会经济活动的价值判断或价值取向。乒乓球运动对价值观念的影响主要体现在以下3个方面。

(1)乒乓球运动促进积极价值观的发展

体育比赛中要求遵循公正的重要原则,因此,乒乓球运动过程中的交流是平等的,这对于人们之间的和睦相处与和谐的人际关系的建立非常有利。

(2)自由愉悦和平等在乒乓球运动中得到体现

各个年龄段的男女人群都可以参加到乒乓球运动当中,享受乒乓球运动带来的身心娱乐。在乒乓球比赛中,人人都有获胜的权利,因此,人们可以通过自己的努力来取得胜利,并尽情享受胜利所带来的欢快。

(3)推动积极人生观的形成

乒乓球也是一件"慢工出细活"的事,因此,要想在比赛中取得好成绩,必须要经过十几年甚至二十年的磨砺。也就是说,如果运动员没有吃苦耐劳、持之以恒的精神意志是无法做到的。而一旦能够做到,就会推动积极人生观的形成。

2.乒乓球竞争意识和竞争手段

所谓竞争,即为了某一方面的利益而与他人争胜。在现如今的社会,竞争无处不在,而且越来越激烈。这就要求我们必须建立良好的竞争意识,掌握科学合理的竞争手段。具体来说,应该做到以下几个方面的要求。

(1)靠实力取胜

乒乓球比赛只遵循一个原则,即优胜劣汰。也就是说,运动员的资历、年龄等因素并不是主要影响因素。要想取得比赛的胜利,就必须通过各种方式和手段使自身的实力得到全面提升。

(2)公平竞争

乒乓球比赛的机会均等。运动员参与比赛的一系列流程中都充分体现着公平。在比赛中,规则对每个运动员的要求都一样,都要求运动员公平竞争。

(3)胜不骄,败不馁

任何比赛有胜利也有失败。如果胜利了,要记得,那只属于过去,不要沉溺于荣誉之中无法自拔。此外,每一项比赛,都只有一个冠军这就意味着更多的人会失败。但是,一次失败并不意味着永远没有夺得冠军的机会,因此,应该学会在失败中总结经验教训,调整好心态,为下一次冠军的争夺做好准备。

(二)协作意识、社会角色及个性形成

1.乒乓球运动与协作意识和协作能力的形成

(1)乒乓球运动与协作意识的提高

协作就是协调合作、齐心协力。协作意识是体育意识的基本内容之一。合作是人的一种气概和才能、增强协作生存能力的充分体现。

协作精神在乒乓球运动中得到了充分体现:练习过程中,如果没有队员之间的协作,就不会取得良好的练习效果;比赛中,只有场内选手与场外指导、双打中的队友相互协作,才能够取得好的成绩,争取比赛的胜利。因此,培养协作意识是非常重要的。但是,协作意识并不是一蹴而就的,而是需要经过长期的锻炼才能逐渐建立起来的。

(2)乒乓球运动有利于协作能力的提高

现代社会对人才的要求越来越高,良好的协作能力就是其中的基本要求之一。在现代这个整体全面发展的新时代,仅凭个人力量取得重大成就的可能性越来越小。只有通过多人的相互配合与努力,综合利用各人的长处与优势,才能够提高实现重大科研的概率。同时,这些重大活动还要求每一个参与者都必须具备良好的协作能力。乒乓球运动是培养队员协作能力的重要途径之一。

2.乒乓球运动与个性形成

一个人在其生理和心理素质的基础上,在一定社会条件下,通过实践锻炼和积累,逐步形成的观念、态度、习惯和行为,就是所谓的个性。具体来说,个性不仅是一个人比较稳定的心理、生理素质和社会行为特征的总和,而且还是一个人能否适应社会或能否被社会接受的关键因素。关于乒乓球运动与个性形成的关系,具体表现如下。

(1)乒乓球运动与约束能力的形成

乒乓球运动队伍的管理是借助于一定的管理体制的,非常严格。这就要求运动员无论是否取得优异的成绩,都必须遵守团队的管理机制,不能任由自己自由发挥,要使自己逐渐形成良好的自我约束能力。

(2)乒乓球运动与进取精神的形成

在乒乓球运动中,运动员要想取得理想的练习效果和比赛成绩,就必须具备较高的技战术水平和良好的心理素质,而这两个方面条件的具备,离不开顽强、拼搏、进取精神的支持。这种进取精神对个性的形成与发展也具有重要的意义。

(3)乒乓球运动与道德品质的形成

乒乓球运动不仅对人们的自我意识、自我约束能力和进取向上的精神产生一定的影响,而且也在一定程度上对参与者高度的责任感和良好的道德品质与同伴合作有着积极的意义。在乒乓球运动中,人们能够通过各种情感体验逐渐形成良好的道德品质。

(4)乒乓球运动与社会角色的形成

参与者在竞赛中结成的社会关系里所处的地位,就是社会角色。在社会中,人们以各种角色出现并由其角色而享受特定权利、履行相应义务,并遵守必要的行为规范。在乒乓球运动中,人们也能够体会到社会为社会角色提供的各种锻炼的条件和环境及尝试的机会。

(三)人际关系

人际关系的建立是对人与社会联系的反映。从社会学角度来说,对人际关系的改善产生影响的因素主要有:沟通能力、对身体语言的理解和使用能力、自我意识水平等。乒乓球运动又对这些影响因素产生直接影响。

1.乒乓球运动有利于提高人的沟通能力

沟通可以使双方交流情感、思想。乒乓球运动要求必须有两个甚至更多的队员参与才能够完成,而且每一个动作都需要教练员的讲解和指导。这时候就需要队员之间、教练员与运动员之间进行充分的沟通与交流,否则就达不到预期的训练效果。这也是乒乓球运动之所以是提高人的沟通能力的重要途径的重要原因。

2.乒乓球运动有利于提高人的身体语言的理解和使用能力

身体语言是人们交流的重要方式之一,是社交必备的能力。不同的身体语言所含寓意也有一定的差异性。在日常生活中,有身体语言参与交流和沟通,生活会更加丰富多彩。在乒乓球运动中,身体语言的理解和使用能力同样非常重要。通过此运动的锻炼,不仅能够增强参与者的协调性和柔韧性,而且还能够通过对内涵和外观统一结合的方式,使参与者的身体语言得到良好的培养,并使其在人际交往中发挥作用。

3.乒乓球运动有利于自我意识水平的进一步改善

现代社会人与人之间的交往越来越含蓄,为了保持自身的清醒,就必须提高自我意识水平。在乒乓球运动中,保持良好的自我意识水平也具有非常重要的意义。教练员会对运动员进行相关的提醒与指导,但这并不是持续的,那就需要运动员具有一定的自我意识能力,时时刻刻提醒自己不断改进和提高自己的技战术水平与心理素质,并且对自己的社交技能进行客观评价与指导,从而从整体上提高自身的综合素质和能力,为乒乓球运动的比赛奠定坚实的基础。

(四)现代生活方式

受现代社会快速发展的影响,人们的生活方式也呈现出越来越快的趋势,并且出现了一些问题,如劳动量减少,导致城市"文明病"出现;人们在双休日虚度时光等。乒乓球运动能够使现代生活方式得到有效改善。

1.乒乓球运动能够使工作带来的疲劳得到有效缓解

体力劳动逐渐减少,脑力劳动日渐增长,是现代生活方式的特点之一。脑力劳动产生的疲劳会对神经系统产生直接的影响,使神经中枢的反射速度和大脑皮层的工作效率大大降低。通过乒乓球运动锻炼,不仅能够使大脑皮层的紧张和劳累得到缓解,疲劳的神经系统得到休息,而且肢体的运动也能使紧张的精神得到缓解,全身的平衡性得到有效调节。因此,乒乓球运动对于疲劳的消除具有重要意义。

2.乒乓球运动能够对人们的生活节奏进行有效调节

在社会迅速发展的影响下,人们的生活节奏也变得越来越快。过于快速的生活节奏对于人们的身体和心理会产生不利的影响。这就需要寻找合理的方式和途径来对生活节奏进行有效调节。由于乒乓球运动对人体神经系统和心血管系统有着积极的影响,因此,经常进行此运动锻炼的人,通常反应比较灵敏,动作比较协调。经常参加此运动,不仅能够使人体对快节奏生活的应变能力和适应能力得到提高,而且还对人们克服对快节奏生活的抵触、恐惧、烦忧、焦虑等心理障碍有积极的改善作用,能够抑制身心的紧张情绪,从而使快节奏生活和工作带来的负面影响得到改善。

**3.乒乓球运动能够进一步丰富生活内容**

在现代社会中,人们对生活标准的要求越来越高,物质需求已经满足不了现代人们对生活质量的要求,这就需要为人们提供一些在闲暇时间进行的增进身体健康的运动,其中,乒乓球运动是首选项目之一。首先,乒乓球运动在技术上对难易、运动负荷的大小要求相对较低,且没有相互的身体冲撞,具有较高的安全性;其次,小球变幻莫测的飞行给人们带来了无限乐趣;最后,进行乒乓球运动锻炼,不仅能够缓解疲劳、增强体质,而且还能够联系情感、广交朋友、改善人际关系。

**(五)乒乓球运动与和谐氛围**

自身工作、生活中周边环境的状况就是所谓的氛围。和谐愉悦的氛围,有利于愉快身心、精神振奋,能使人们在工作时感到轻松、生活觉得有意义。乒乓球运动对于和谐氛围的营造有着积极的推动作用,具体如下。

**1.乒乓球运动中有助于结交挚友**

乒乓球运动具有广泛的群众基础,参与者众多,在运动中,会接触到不同职业、不同年龄、不同性别的人。在长时间的共同锻炼中,大家会因为共同爱好而自然而然地熟悉和交往起来,这种人际关系中不涉及目的性和不良企图,这对于纯洁、亲密、融洽的朋友的交往意义重大。另外,经过在乒乓球锻炼中结交越来越多的朋友,和好朋友一起打球,这不仅有利于乒乓球技战术水平的提高,而且还能够充实生活,这对于工作和生活也具有积极的促进作用。

**2.乒乓球运动的特点有助于形成积极乐观的心态**

尽管乒乓球运动是一项对抗性运动,但其却没有直接的身体接触。其比赛的实质为在一网之隔的情况下,双方在技术和心理上斗智斗勇,没有直接的冲撞。这一较为文明的运动项目能够使人心态平和、努力练习,提高个人的技术和战术、提高自身的身体素质,从而使技战术水平得到有效提高。经过长期的乒乓球运动练习,不仅能使参与者形成从自身找问题、找不足、找缺点的习惯,还有利于校正自我、认识自我、提高自我的心理模式的形成。

**(六)乒乓球运动与体育道德精神**

乒乓球运动不仅能够使人们勇于拼搏、敢于进取,不屈不挠等体育精神和意志品质得到锻炼和培养,而且其独特的风格和魄力,有利于参与者的心灵净化,从而使人们在日积月累中提高对公平、真诚的认识及促进彼此友谊的升华。

### 1.乒乓球运动有利于人们建立公平和公正的竞争意识

在乒乓球运动中的每个环节,都必须遵循公平原则。公平原则能够约束组织者,指导执行者,规范参与者。因此,乒乓球比赛有着严谨的规章制度,很少出现不公平的现象。公平、公正是保证每个人在运动过程中享受权利的重要原则。比赛中一旦丧失了这一原则,一切都无从说起。另外,乒乓球之所以发展成为"国球",并且有越来越多的人参与其中,这离不开公平、公正的基本体育精神。

### 2.乒乓球运动有利于人们建立以诚相待的关系

乒乓球比赛中通常都会有一些约定俗成的行为规范,例如,我们会在乒乓球比赛中看到这样的情况:当一个回合结束后,裁判员给甲加1分,但是甲用手一指,裁判员经核实后去掉甲的1分,转而将1分给乙加上。之所以会出现这一幕,可能是乙打过来的球是一个除了甲谁也听不到的"擦边球",虽然从裁判的角度上,认为这球是乙的失误,将比分判给了甲,但是甲非常诚实地指出了这一球并非是乙的失误,并要求裁判员更正过来。这就是乒乓球比赛中诚实守信的体现。

### 3.乒乓球运动有利于增进友谊

乒乓球运动可以增进友谊。在乒乓球运动中,不仅可以使人与人之间能够更加深入地了解彼此,使彼此更加信任,而且还能够促进两个单位间的合作。除此之外,乒乓球运动对中国的外交也有过积极的作用,所以才会有"乒乓外交"这一说法。由此可以看出,小小乒乓球已经超出了体育运动范畴,成为沟通各国人民友谊的桥梁。

# 第二章 乒乓球运动基本理论探究

> 了解乒乓球运动基本理论是学习和掌握乒乓球运动的前提和基础。本章主要从乒乓球常用术语、球拍种类和性能、击球技术基本原理、击球基本环节与动作结构、基本站位与准备姿势、握拍法、步法这几个方面,介绍了乒乓球运动的基本理论,为了解乒乓球相关知识和学习乒乓球技战术奠定了基础。

## 第一节 乒乓球的常用术语

### 一、球台

(一)台面

乒乓球球台的上层表面被称为"比赛台面"。台面长 274 cm,宽 152.5 cm,球台高 76 cm,如图 2-1 所示。乒乓球球台台面可以用任何材质制成,但要求球台表面弹性一致。台面颜色应当为无光泽、不反光的均匀一致的暗色。

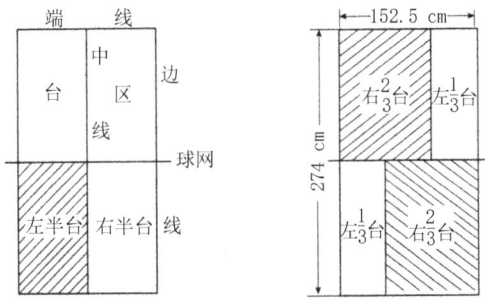

图 2-1 台面

## (二)边线

边线是指台面两侧长 274 cm、宽 2 cm 的白线。

## (三)端线

端线是指台面两端长 152.5 cm、宽 2 cm 的白线。

## (四)中线

中线是指位于台面正中央,与边线平行的宽 3 mm 的白线,将台面分为 2 个相等的台区。

## (五)球网装置

球网装置由球网、悬网绳、网柱、夹钳构成。球网悬挂于悬网绳上,绳子两端下载直立网柱上,台网高 15.25 cm。

## (六)台区

台区是指台面被球网分开划分为 2 个大小相等的区域。

## (七)半台

半台又称"1/2 台",指台面被中线分开,成左、右 2 个"半台",左右方位是按照击球方而定。

## (八)1/3 台

"左 1/3 台"是指台区左侧 1/3 部分;"右 1/3 台"是指台区右侧 1/3 部分。

## (九)2/3 台

"左 2/3 台"是指台区左侧 2/3 部分;"右 2/3 台"是指台区右侧 2/3 部分。

# 二、乒乓球

乒乓球是用赛璐珞或者类似的塑料制成的空心圆球。球一般为白色或橙色,无光泽。国际乒联为了提高乒乓球的观赏度,降低乒乓球的旋转速度,增加击球板数,2000 年 2 月 23 日,国际乒联特别大会和代表大会在吉隆坡通过了 40 mm 大球改革方案,并委托上海红双喜乒乓球厂研制了一种直径为 40 mm 的大球。大球在 2000 年世界杯中首次被使用。乒乓球小球、大球的对比数值,如表 2-1 所示。

表 2-1  乒乓球小球、大球的对比数值

|  | 重量 | 直径 | 拉球速度 | 正手扣杀速度 |
| --- | --- | --- | --- | --- |
| 小球 | 2.5 g | 38 mm | 133 r/s | 48 m/s |
| 大球 | 2.8 g | 40 mm | 116.5 r/s | 17 m/s |

## 三、击球点

击球点是指击球时,球拍与球体接触的那一点的空间。击球点与击球部位不同,击球部位指的是球拍击打球体时,球拍在球体上的位置,击球点的位置是指球体相对击球者身体而确定的,主要包含 3 个方面的内容。一是击球点相对身体的前后位置;二是击球点相对身体的左右位置;三是击球点相对身体的高低位置,如图 2-2 所示。

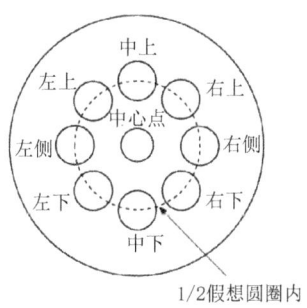

图 2-2  击球点

## 四、击球部位

击球部位指的是在触球瞬间,球拍击在球体上的位置。为了能够更加形象地表现击球部位,可以将球体看成钟表表盘,标出 7 个常用击球部位,如图 2-3 所示。其中,上部为接近 12 的部位,上中部为接近 1 的部位,中上部为接近 2 的部位,中部为接近 3 的部位,中下部为接近 4 的部位,下中部为接近 5 的部位,下部为接近 6 的部位。

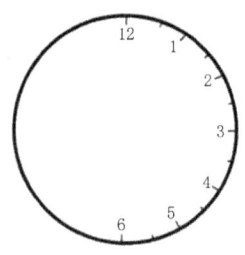

图 2-3 击球部位

## 五、击球时间

击球时间是指来球从着本方台点反弹跳起至回落到地面的整个过程所需的时间,可分为上升、高点、下降3个时期,如图2-4所示。

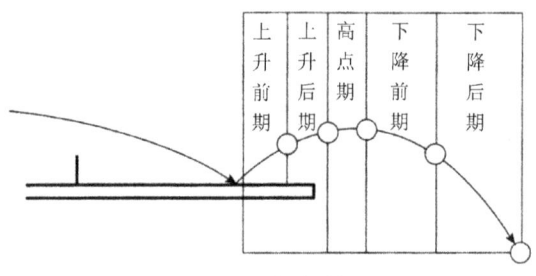

图 2-4 击球时间

(一)上升期

上升期指的是球从球台面弹起到接近最高点的这段过程。上升期可以细分为上升前期和上升后期。

(二)高点期

高点期指的是弹起的球处于最高点或接近最高点的这段过程。

(三)下降期

下降期指的是球从高点期回落至地面的这段过程。同样,下降期可以细分为下降前期和下降后期。

## 六、拍形

拍形概念分为拍面角度和拍面方向2个方面。

## (一) 拍面角度

拍面角度是指击球时,拍面与水平面所形成的夹角的角度,即拍面下沿与水平面相交的角度。拍面角度小于90°时,称为拍面前倾;拍面角度大于90°时,称为拍面后仰;拍面角度为90°时,称为拍面垂直;拍面角度为180°时,称为拍面向上,如图2-5所示。

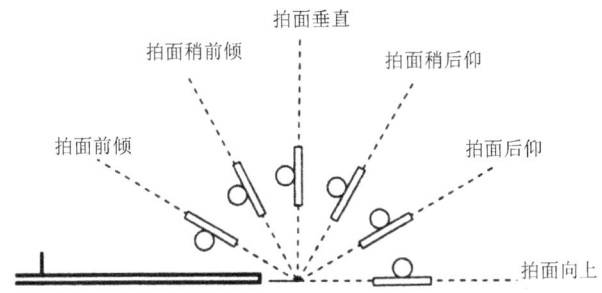

**图 2-5 拍面角度**

击球时拍面角度不同,击球部位有所不同,具体如表2-2所示。

**表 2-2 拍面角度与击球部位的关系**

| 拍面角度 | 击球部位 | 代表数值 |
| --- | --- | --- |
| 拍面向下 | 击球的上部 | 12 |
| 拍面角度 | 击球部位 | 代表数值 |
| 拍面前倾 | 击球的上中部 | 1 |
| 拍面稍前倾 | 击球的中上部 | 2 |
| 拍面垂直 | 击球的中部 | 3 |
| 拍面稍后仰 | 击球的中下部 | 4 |
| 拍面后仰 | 击球的下中部 | 5 |
| 拍面向上 | 击球的下部 | 6 |

## (二) 拍面方向

拍面方向是指击球时,拍面所朝向的方位。确定拍面方向是以击球者的位置为基准的,拍面向左时,击球的右侧部;拍面向右时,击球的左侧部。

## 七、触拍部位

触拍部位是指击球瞬间,球体触及在球拍上面的位置。触拍部位可以与击球部位相对比。触拍部位的主体是球拍,击球部位的主体是球体。球拍的击球拍面可划分为上、下、左、右、中这几个部位,如图2-6所示。

图 2-6 触拍部位

## 八、站位

站位是指乒乓球运动员站立的位置与球台端线之间的距离,根据所占距离,可将站位划分为近台、中近台、中台、中远台、远台,如图2-7所示。

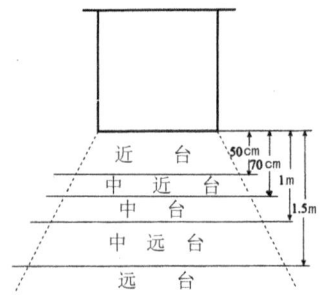

图 2-7 站位

- 近台是指距离端线 50 cm 以内的范围。
- 中近台是指距离端线 50~70 cm 的范围。
- 中台是指距离端线 70~100 cm 处。
- 中远台是指距离端线 1~1.5 m 的范围。
- 远台是指距离端线 1.5 m 以外的范围。

## 九、击球距离

击球距离是指挥拍击球时,球拍的起始点到击球点之间的挥拍长度,如

图 2-8 所示。

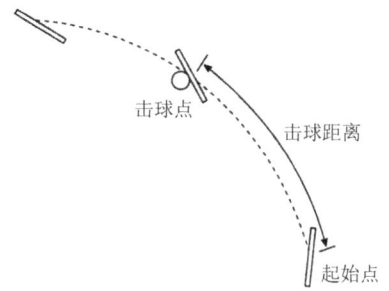

图 2-8　击球距离

## 十、击球线路

击球线路是指击球点与落点之间的空中运行弧线的投影线。乒乓球运动中有 5 条基本的击球线路,即右方斜线、右方直线、左方斜线、左方直线和中路直线,如图 2-9 所示,左右方位是以击球者为标准。另外,一般还会称右方斜线、直线为正手斜线、直线;左方斜线、直线为反手斜线、直线。

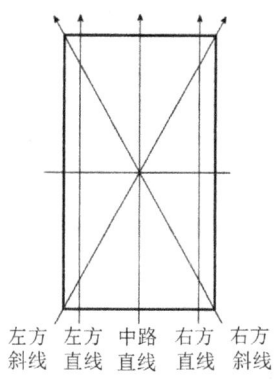

图 2-9　击球线路

## 十一、合法还击

合法还击是指击球者用符合规定的手段回击来球,并将击球过网且命中对方台区的过程。合法还击是得分的一种主要方式。

## 十二、短球、长球与追身球

短球是指落点在近网区内,且反弹跳起后的第 2 落点不超越端线的球。

长球是指落点在底线区内的球,如图 2-10 所示。
追身球是指击向回球者身体位置的球。

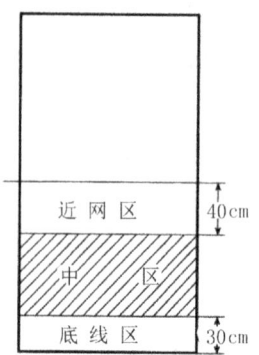

图 2-10　短球、长球与追身球

### 十三、摆速、击球节奏

摆速是指击球时正反两面交替挥摆的速度。
击球节奏是指击球过程中球的来回速度的快慢感。

## 第二节　球拍的种类与性能

球拍是击球的工具,由底板、胶皮和海绵 3 个部分组成。球拍的两面颜色分别是黑色和鲜红色,且无光泽。目前在规则许可范围内使用的球拍有胶皮拍和胶皮海绵拍两大类。乒乓球拍胶皮和海绵种类繁多,且随着科技的发展不断创新。

### 一、胶皮

胶皮可以分为正胶皮、反胶皮、生胶皮、长胶皮,但是长胶现已被禁用。
正胶皮也叫短颗粒胶皮,具有弹性好、速度快、击球稳等特点,适合近台快攻法,是直板快攻型选手常用的胶皮类型。
生胶是从正胶发展而来的,是颗粒向上、直径大于高度的胶皮,也被称为"软质正胶"。生胶弹性大,易于控制,但是稳定性和摩擦力不如正胶。由于击球弧线较低平,所以有击球下沉、搓球旋转弱的感觉。
反胶表面平整,摩擦力强,具有击球旋转力强、击球稳定、易控制的特点,是初学者的首选,适合弧圈型或弧圈结合快攻型打法。目前国际超一流选手中,绝大部分都使用反胶胶皮。目前还有一批横拍两面攻选手,为了获得击球的变化,采用了正手反胶(拉弧圈)和反手生胶(快拨及摆短)的搭配方法。

长胶是一种胶粘细而长的胶皮覆盖在一薄海绵上面的胶皮海绵。这种胶皮拍面会使球产生反常的旋转现象。如使对方搓来的下旋球以上旋飞回;用削球回击对方拉来的弧圈球时球会更旋;回削一般拉球时回球则不旋等。使用长胶拍面产生的变化能够增加对方的失误,但是同时也提高了己方的掌握难度,不仅缩减了乒乓球的观赏性和娱乐性,而且会使初学者形成错误定型。1998年5月,国际乒联做出禁用长胶的决定。

## 二、海绵

选择海绵主要考虑硬度和厚度这2个因素。海绵的厚度在 0.5~2.4 mm,硬度在 30~50 度。海绵越硬越厚,其弹性就越大,从而使得击球速度越快,但是过硬过厚会使得球拍沉重,且弹性过大,不利于对球的控制。初学者可选择厚度在 1.8~2.0 mm、硬度在 40 度左右的反胶海绵,或硬度在 35 度左右的正胶海绵。

## 三、底板

底板是构成球拍的最基础的材料。底板是由不同的木材及碳素纤维等材料夹合而成的,从3层到十几层的不等,常用的为 5~7 层。以击球速度快、撞击发力为主的一般选择底板较硬重的七层板;弧圈球结合快攻打法的一般选用五层较轻、硬度适中的底板。目前市场上的底板材质有复合板、全木板、软木加碳纤维、全木加碳纤维、全木加钛纤维等。底板的厚度至少有85%的天然木料,加强底板的黏合层一般为碳纤维、玻璃纤维、压缩纸等纤维材料,其每层厚度不超过底板总厚度的 7.5% 或 0.35 mm。

## 四、如何黏合胶皮、海绵

球拍在长时间使用之后,会致使胶皮和海绵磨损,需要进行更换。更换胶皮、海绵可分为4步。

第1步:剥离旧的胶皮和海绵。用热吹风对吹海绵胶皮,慢慢从胶皮和海绵边缘逐渐将其剥离撕下。之后,用挫子或粗糙钝器磨掉底板边面残留的胶质。

第2步:贴海绵。分别在底板和海绵上均匀地涂抹一层胶水,待胶水干了之后将海绵平整地贴在台面上并压一压。

第3步:粘贴胶皮。分别在海绵上和胶皮上涂上胶水,为了防止胶皮遇胶水后卷曲,可将胶皮4个角固定,待胶水干后,在海绵与胶皮之间放一张纸,待胶皮和海绵对整齐后慢慢将纸下拉,直至粘好为止。在贴反胶时应当先在玻璃或是平整的台面上涂上一层胶水,将胶皮轻轻地往胶水上放,使颗粒全部贴上胶水,并控制胶水不要流进颗粒间隙里面。

第4步:粘贴海绵与底板,之后用剪刀沿底板边缘将多余胶皮和海绵部分对齐剪掉,更换球拍胶皮和海绵的步骤就完成了。

## 五、典型球拍种类

### (一)胶皮拍

胶皮拍是指在底板上直接粘贴一层胶皮的球拍。胶皮拍上粘贴的胶皮的胶粒向外,胶皮与黏合剂加在一起的厚度不得超过2 mm。胶皮拍按照厚度可以分为短齿胶皮拍和长齿胶皮拍2种,如图2-11所示。

1.短齿胶皮拍

短齿胶皮拍的胶皮厚度不超过1.5 mm,具有弹力均匀、击球稳定的特点,但是此种球拍弹性较差,不易制造强烈旋转。

2.长齿胶皮拍

长齿胶皮拍胶皮厚度在1.5 mm以上,具有胶粒柔软、摩擦系数低的特点,能够用来增强回球旋转和变化。相比之下,长齿胶皮拍击球所产生的旋转变化比短齿胶皮拍要大得多。但长齿胶皮拍比短齿胶皮拍难于掌握,且回球速度也不快。

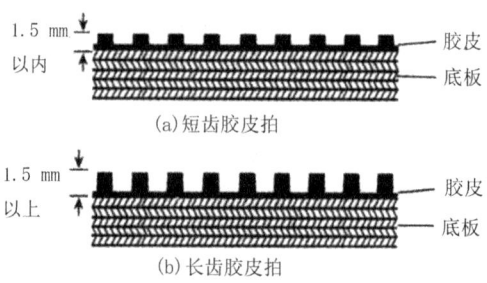

图2-11 胶皮拍的胶皮种类

## (二)胶皮海绵拍

胶皮海绵拍是指在底板和胶皮之间夹贴一层海绵的球拍。海绵、胶皮、黏合剂加在一起的厚度不得超过 4 mm。胶皮的胶粒可以正贴,也可以反贴,从而产生正贴胶皮海绵拍和反贴胶皮海绵拍 2 种类型,如图 2-12 所示。

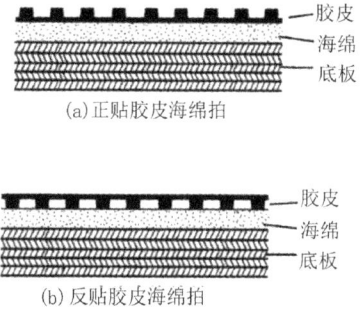

图 2-12 胶皮海绵拍

1.正贴胶皮海绵拍

目前常用的正贴胶皮海绵拍有正胶海绵拍和生胶海绵拍 2 种。

(1)正胶海绵拍

正胶海绵拍是在海绵上面覆盖一层短齿胶皮,其胶粒较硬,黏性不强,具有反弹力强、回球速度快的特点,且不易制造强烈的旋转。

(2)生胶海绵拍

生胶海绵拍是在较薄的海绵上覆盖一层生胶胶皮。生胶海绵拍具有反弹力强、摩擦力小、回球速度快、回球下沉的特点,不易制造出差别较大的旋转变化。

2.反贴胶皮海绵拍

目前常用的反贴胶皮海绵拍有反胶海绵拍和防弧海绵拍 2 种。

(1)反胶海绵拍

反胶海绵拍是将胶皮有颗粒的一面向里,无颗粒的一面向外,反贴在硬型海绵上。反胶海绵拍具有胶质柔软、拍面平整、黏性较大、制造强旋的特点,但是该类球拍的反弹力较差,回球速度较慢,对于对方击来的旋转球不易控制。

(2)防弧海绵拍

在结构松软的海绵上,反贴一种硬而发涩的胶皮。该类球拍的弹性差、黏性小、缓冲性高,但是能够有效削弱来球的旋转作用,能够控制对方的弧圈球。

## 六、球拍的选择

不同的球拍性能不同,练习者应当根据自身的身体素质条件和技术特点选择适合的球拍。一般,正胶海绵拍或生胶海绵拍适合快攻类打法。反胶海绵拍适合弧圈类打法。长胶球拍适合直拍削攻类打法。两面不同性能的球拍适合横拍削攻类打法。另外,在选择球拍时,还要考虑自己的经济条件。

## 七、球拍的保养

球拍对于乒乓球运动员来说相当于战士手里的刀剑。因此,运动员一定要爱护自己的球拍。现在的球拍所使用的底板木材较轻,具有"吃球、不震手、底劲足"的良好性能,但这些木材质地较软,需要多加保养。

保养可以分为"五防、一保",即防撞击、防重压、防高温、防潮湿、防油迹污渍及保持清洁。在做清洁工作时,需要注意几点:一是发现拍面有污渍时先滴少许清水冲洗,有必要时再用更多清水冲洗;二是去除污渍可用肥皂水、洗洁精等弱碱性的清洁剂;三是清洗完成晾干后应当贴上塑料膜,放入保护套内。

我们只有在日常使用过程中好好爱惜球拍,才能延长球拍的使用寿命,并保证击球的准确度。

## 第三节 击球技术基本原理

高超击球技术是保证比赛获得胜利的基础条件。在比赛过程中不丢分并迫使对方丢分是提高击球技术的目的。要保证这一点,就必须从弧线、力量、速度、旋转、落点这5点着手。

### 一、弧线

弧线是指乒乓球在空中运行的轨迹,由弧线曲度和打出距离2个部分构成。弧线曲度指飞行弧线的弯曲程度;打出距离指弧线起止点间的水平距离,如图2-13所示。

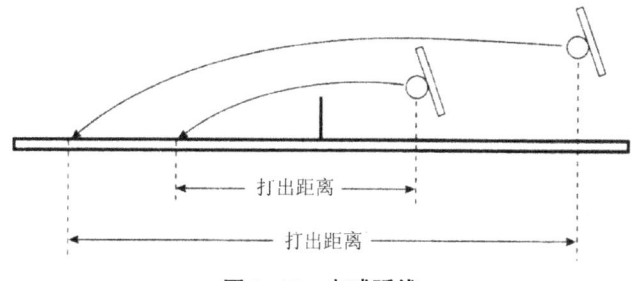

图2-13 击球弧线

(一)出手角度和出球速度

出手角度和出球速度决定了飞行弧线曲度的大小和打出距离的长短。出手角度是指球离拍时飞行弧线的切线与水平面的夹角。出球速度是指球体离拍时的瞬时速度。

假定出球速度一定,当出手角度小于45°时,出手角度越大,弧线曲度越大,打出的距离越长;当出手角度大于45°时,出手角度越大,其弧线曲度越大,打出距离越短,如图2-14所示。

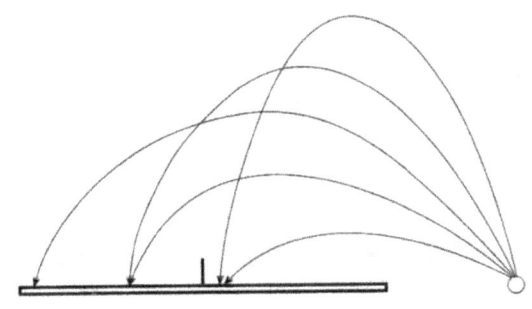

图2-14 出手角度与打出距离的关系

假设出手角度一定,当击球者出球速度越快时,则打出距离就越长,如图2-15所示。出球速度与击球力量成正比。

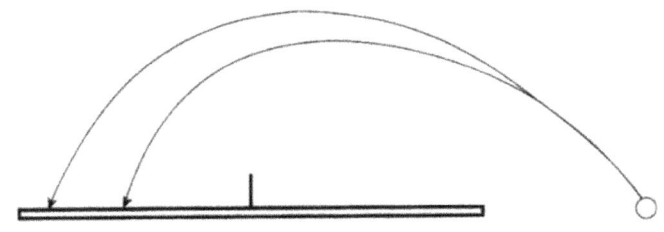

图2-15 出球速度与打出距离的关系

球的飞行弧线影响着击球的命中率和回球的攻击力。在乒乓球的练习或比赛中,对飞行弧线的要求甚为严格。

## (二)不同击球点击球

在不同击球点击球,其出手角度和打出距离是不同的。一般分为以下几种情况(图2-16)。

第一,还击近网低球时,要使用大角度打出短距离回球。

第二,还击近网高球时,要使用小角度打出短距离回球。

第三,还击远网低球时,要使用较大角度打出较长距离回球。

第四,还击远网高球时,要使用较小角度打出长距离回球。

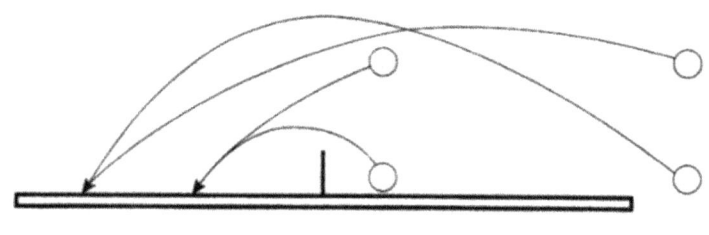

图2-16 不同击球点击球

## (三)不同击球时间击球

在不同击球时间击球,其出手角度和打出距离是不同的。一般分为以下几种情况(图2-17)。

第一,上升期击球时,要使用较小角度打出稍短距离球。

第二,高点期击球时,弧线曲度不能过大,打出距离不能过长。

第三,下降期击球时,要使用较大角度打出较长距离球。

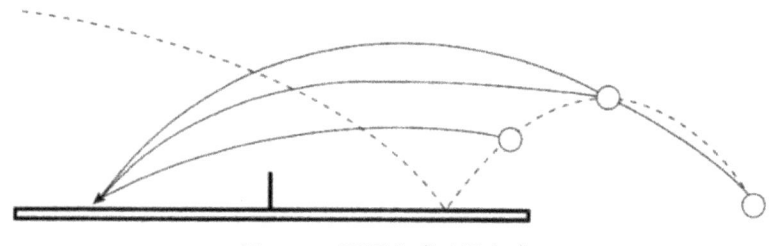

图2-17 不同击球时间击球

## (四)还击不同旋转来球

在还击不同旋转来球时,其出手角度和打出距离是不同的。一般分为以下几种情况。

第一,还击上旋球时,来球旋转越强,就越要减小弧线曲度,缩短打出距离,避免回球出界。

第二,还击下旋球时,来球旋转越强,就越要增大弧线曲度,加长打出距离,避免回球下网。

第三,还击左(右)侧旋球时,来球旋转越强,越要注意向左(右)调整拍面方向,避免回球从右(左)侧边线出界。

## 二、力量

乒乓球击球力量的大小主要取决于触球时球拍的瞬时速度。瞬时速度越大,击球力量越大,反之亦然。乒乓球的击球力量表现为球的前进速度和旋转强度。球拍撞击球体越多,回球的速度越快;球拍对球体的摩擦越多,回球的旋转越强。

假设挥拍的加速度一定,击球距离越长,球拍触球时的瞬时速度越大,反之亦然,如图2-18所示。

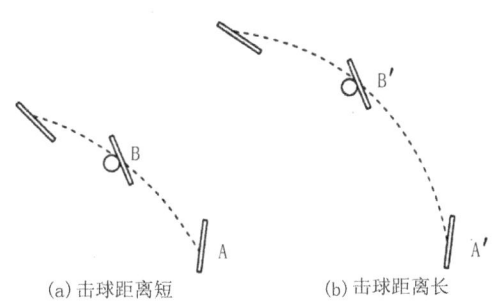

(a)击球距离短　　　　　(b)击球距离长

**图2-18　击球距离与触球瞬时速度的关系**

假设挥拍的击球距离一定,那么加速度越大,球拍触球时的瞬时速度就越大,反之亦然,如图2-19所示。

可见,加快球拍触球时的瞬时速度,需要提高挥拍的加速度并具备足够的击球距离。

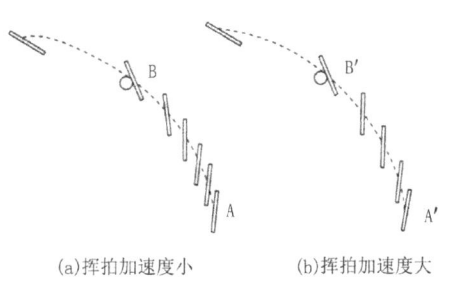

(a)挥拍加速度小　　　　　(b)挥拍加速度大

**图2-19　加速度与触球瞬时速度的关系**

## 三、速度

"快"是我国传统直拍快攻打法的首要技术风格。速度是由距离和时间决定的。合法还击的时间越短,击球速度就越快;合法还击的时间越长,击球速度就越慢。

合法还击所耗费的时间由以下2个方面构成。

第一,击球时间,即球体从A至B所花费的时间。击球时间的长短主要取决于本方击球时间的早晚,即击球时间越早,击球时间就越短。因此,提早击球时间能够有效加快击球速度(图2-20)。

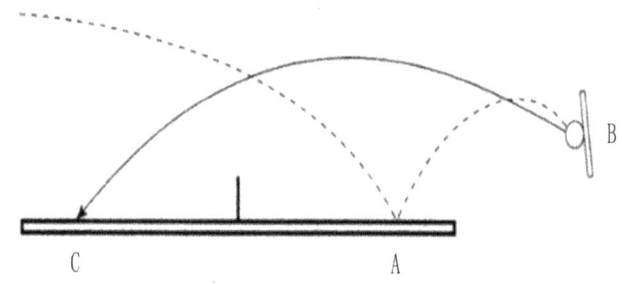

图2-20　击球所需时间

第二,球体飞行时间,即球体从B至C所花费的时间。球在空中飞行的时间长短主要取决于球的飞行速度和飞行弧线。

假设球的飞行弧线长度一定,球的飞行速度越快,球在空中飞行的时间越短。假设球的飞行速度一定,飞行距离越短,球在空中飞行的时间越短。因此,为了提高击球速度,应当加快球体的飞行速度并缩短球体的飞行距离。

## 四、旋转

乒乓球旋转的变化十分复杂,同时也是掌握乒乓球技术的基本内容之一。

### (一)产生旋转的原因

击球时,当击打的力的作用线($F$)通过球心($O$),球不会产生旋转,但是当力的作用线($F$)偏离球心并和球心保持一定的垂直距离(即力臂$L$)时,则作用力便会分解为法向($F$法)和切向($F$切)2个分力,从而使球产生转动,如图2-21所示。

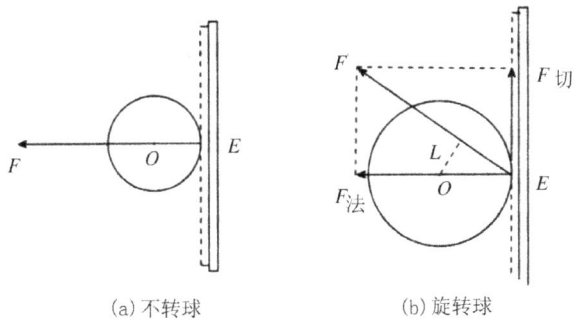

(a) 不转球　　　　　　(b) 旋转球

**图 2-21　产生旋转的原因**

## (二) 基本的旋转轴及其旋转

乒乓球旋转时会呈现出一条通过轴心的旋转轴。当击球部位和用力方向不同时,就会产生不同的旋转轴,但其宗旨是围绕着 3 条基本转轴及 6 种基本旋转产生复杂多样的变化的。

### 1. 左右轴(横轴)

左右轴是指通过球心与台面平行、与球的飞行方向相垂直的轴。从己方角度看球,球绕此轴向上旋转为上旋球,向下旋转为下旋球,如图 2-22 所示。

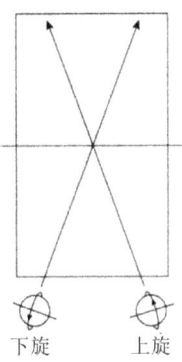

下旋　　上旋

**图 2-22　左右轴与上旋、下旋球**

### 2. 上下轴(竖轴)

上下轴是指通过球心与台面相互垂直的轴。从己方角度看球,球绕此轴向左旋转为左侧旋球,向右旋转为右侧旋球,如图 2-23 所示。

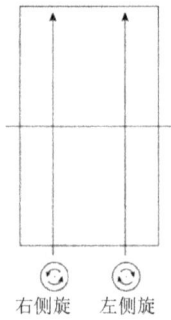

图 2-23　上下轴与左旋、右旋球

3.前后轴(纵轴)

前后轴是指通过球心与台面和球的飞行方向相互平行的轴。从己方角度看,球绕此轴按顺时针方向旋转为顺旋球,按逆时针方向旋转为逆旋球,如图 2-24 所示。

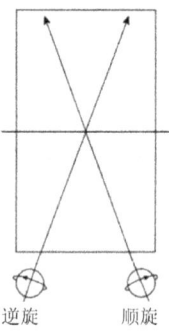

图 2-24　前后轴与逆旋、顺旋球

(三)各种旋转球的特性

球的旋转性质不同,其特性也有所不同。

1.上旋球、下旋球

球体旋转过程中,会带动周边空气一起转动,形成环流。当球体上旋向前飞行时,球体上沿的气流与上旋引起的迎面气流的方向相反,从而使球的速度减慢;而球体下沿的气流与上旋引起的迎面气流的方向相同,从而使流速加快。由于流速越慢、压强越大,流速越快、压强越小,因此,上旋球上沿的空气压强大,下沿的空气压强小,就会形成一个向下的压力,如图 2-25 所示。上旋球弧线高度低,打出距离短,弧线曲度大,如图 2-26 所示。

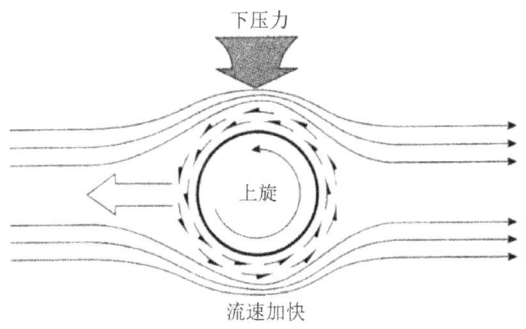

图 2-25　上旋球飞行原理

下旋球与上旋球的情况正好相反。球体上沿速度快,下沿速度慢,使得下沿的空气压强比上沿大,形成一个升举力。因此,下旋球的弧线高度要高,打出距离要长,弧线曲度要小,如图 2-26 所示。

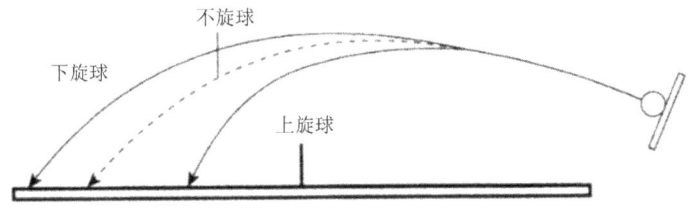

图 2-26　上、下旋球的飞行路线

上旋球的旋转方向为逆时针,球会与台面形成一个向后的摩擦力,台面同时给球一个大小相等、方向相反的摩擦反作用力,从而减小球的反弹角度,加快前进速度,如图 2-27 所示。

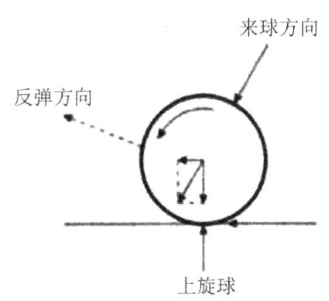

图 2-27　上旋球与台面的相对力量

下旋球与上旋球正好相反,下旋球旋转方向为顺时针,球会与台面形成一个向前的摩擦力,台面同时给球一个大小相等、方向相反的摩擦反作用力,从而增大球的反弹角度,减慢球的前进速度,如图 2-28 所示。当下旋过强时甚至会出现回跳现象。

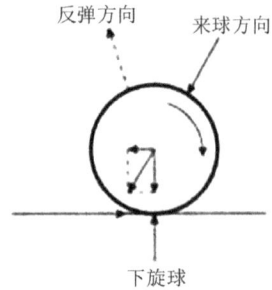

**图 2-28　下旋球与台面的相对力量**

上旋球触及平挡拍面时,会与拍面形成一个向下的摩擦力,同时,拍面给球体一个大小相等、方向相反的的摩擦反作用力,从而使球向上方反弹,如图 2-29 所示。

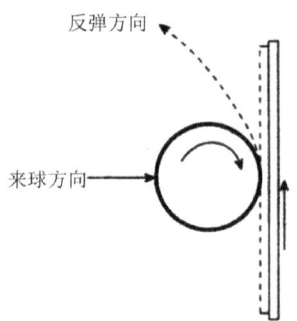

**图 2-29　上旋球与拍面的相对力量**

下旋球与上旋球正好相反,球触拍后形成一个向上的摩擦力,从而向下方反弹,图 2-30 所示。

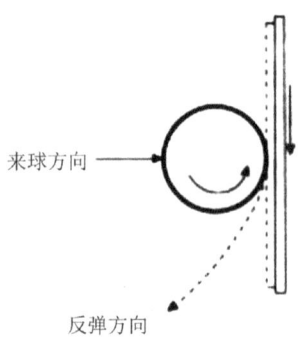

**图 2-30　下旋球与拍面的相对力量**

## 2.左侧旋球、右侧旋球

球呈左侧旋向前飞行时,会带动周边空气一起转动,形成环流,导致左侧的空气压力比右侧大,使得球的飞行弧线向右稍微偏拐。球着台之后的反弹方向变化不大。球触拍时会给拍面一个向右的摩擦力,同时拍面给球体一个向左的摩擦反作用力,因而球明显向左反弹。右侧旋球的情况与左侧正好相反,如图2-31所示。

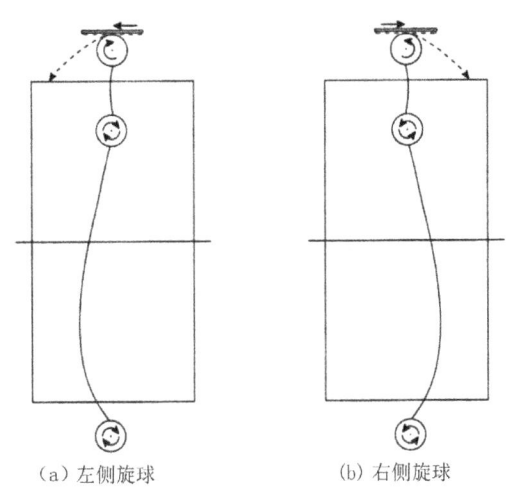

（a）左侧旋球　　　　　　　（b）右侧旋球

**图 2-31　左侧旋球、右侧旋球**

## 3.顺旋球、逆旋球

球呈顺、逆旋向前飞行时,球体周围气流与迎面气流的影响大致相同,飞行弧线基本上不会产生变化。但顺、逆旋球着台后会产生一个向左(右)的摩擦力,台面给球体一个向右(左)的摩擦反作用力,从而使球向右(左)侧拐弯,如图2-32所示。

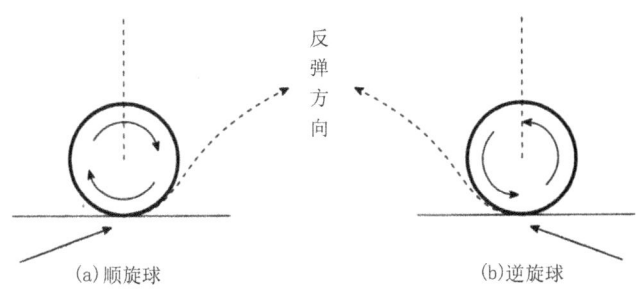

**图 2-32　顺旋球、逆旋球**

## (四)增强旋转的方法

**1.加大击球力量,使力的作用线适当远离球心**

物体转动的快慢取决于转动力矩($M$)的大小,因$M=FL$,所以转动力矩的大小又取决于作用力($F$)的大小和力臂($L$)的长短。因此,加大击球力量,使力的作用线远离球心,成为加速球旋转的重要因素。其中,提高球拍触球时的瞬时速度能够加大击球力量;合理调节拍面角度和用力方向,使球拍击球时的摩擦尽量"薄"一些能够使力的作用线远离球心,但要保证拍、球不打滑。

**2.以适当的球拍部位击球**

当球拍的挥摆速度一定时,越是靠近球拍头的部位,线速度越大,如图2-33所示,因而用靠近拍头的部位击球,能够增强回球旋转。

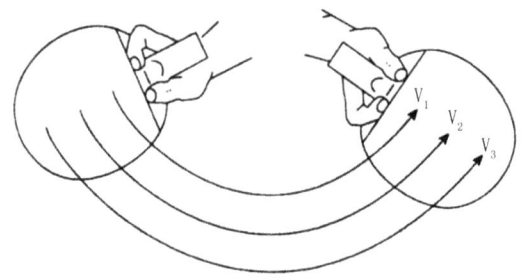

图2-33 线速度

另外,采用下旋技术击球时,以球拍的左侧部位触球(以正手击球为例,下同),可加长球拍摩擦球体的距离,从而增强回球旋转,如图2-34(a)所示。采用上旋技术击球时,以球拍的右侧部位触球,可加长球拍摩擦球体的距离,从而增强回球旋转,如图2-34(b)所示。

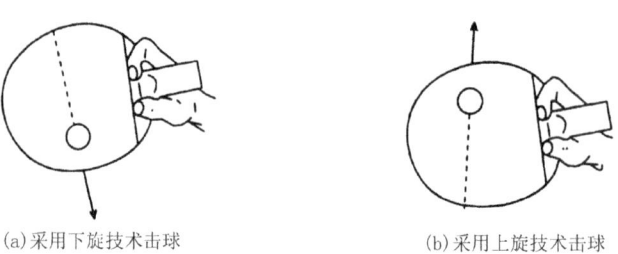

(a)采用下旋技术击球　　　　(b)采用上旋技术击球

图2-34 上旋球、下旋技术击球部分

### 3.借助来球旋转击球

顺着来球旋转击球,能够增强回球旋转。因此,可以用下旋球对付上旋球,用上旋球对付下旋球等。

### 4.选择合适的球拍

应当选择黏性较好的球拍,从而增加摩擦力,增强回球旋转。

## 五、落点

乒乓球的落点指的是球被击出后的着台点。落点包括回球落点和来球落点2种。其中,回球落点是指击球者将球还击到对方台区的着台点,来球落点是指对方将球还击到本方台区的着台点。

### (一)乒乓球落点的运用

#### 1.扩大对方移动范围

扩大对方移动范围的主要方式就是使球的落点离对方站位越远。回短球时,落点要靠近球网,使对方上步接球;回长球时,落点要接近端线,使对方后退击球。回斜线直线球时,落点要靠近边线。

#### 2.增大对方让位难度

回球落点越靠近身体,让位的难度就越大。攻击对方追身位置,能使其无法占据合适的击球位置,增加其失误率。

#### 3.击球到预判断相反方向

利用假动作迷惑对方,突然改变击球方向,使其对击球方向的判断失误。或者将球击到对方判断或移动的相反方向。

#### 4.攻击对方弱点

找出对方的弱点,针对对方弱点连续发动进攻,抑制住其长处,迫使对方失误。

### (二)提高落点控制能力和变化能力的方法

第一,提高腕、指关节的灵活性和手部的精细调节能力,从而提高击球的准确度。

第二,将球挤到台面上的规定区域内,并逐渐缩小区域的面积。

第三,按照规定的击球线路和线路变化进行击球。

第四,采用多球练习法,交替将不同旋转、不同落点、不同节奏的来球击打到规定区域内。

击球技术的五要素是学习乒乓球必不可少的内容,它们相辅相成,不可分割,在训练过程中不可偏颇。

## 第四节　击球基本环节与动作结构

击球基本环节主要包括 4 步:判断、移步、击球、还原,并且这 4 个基本环节贯穿于每一次还击之中。乒乓球击球技术种类繁多,各种击球技术的动作方法各不相同,但是各种击球技术在击球动作的结构方面却有着共性的规律。乒乓球的击球动作一般包括准备姿势、摆臂引拍、迎球挥拍、球拍触球、随势挥拍、身体配合与放松动作 6 个部分。

### 一、击球的基本环节

(一)判断

判断来球决定着运动员的脚步移动和还击方法。判断来球的主要内容包括判断来球的线路、旋转强弱、落点远近、速度快慢、旋转性质等。

1.判断来球的线路

判断来球的线路主要应从以下几个方面着手。

一是根据球通过球网时的位置判断来球的线路。例如,对方站在球台右角击球,球从球网的中间越过,来球一般是斜线球;球从球网的左边越过,则是直线球。

二是根据对方击球时的拍面方向判断来球的线路。例如,对方站在球台右角击球,球拍触球时拍面正对己方右角:来球一般是斜线球;拍面正对己方的左角,则是直线球。

## 2.判断来球的旋转强弱

根据对方击球时的触球情况判断来球的旋转强度。对方击球时若摩擦多、撞击少,则来球旋转较强;若撞击多、摩擦少,则来球旋转较弱。

## 3.判断来球的落点远近

根据球的飞行弧线判断来球的落点远近。来球飞行弧线的最高点若在对方台区上空,则来球落点距网较近;若在本方台区上空,则来球落点离网较远。

## 4.判断来球的速度快慢

根据对方击球挥拍的幅度、力量与速度来判断来球的速度快慢。一般来说,挥拍幅度越大、力量越大、速度越快,来球速度就会越大;反之,挥拍幅度越小、力量越小、速度越慢,来球速度就会越慢。

## 5.判断来球的旋转性质

判断来球的旋转性质主要应注意以下几个方面。

一是根据对方击球时球拍挥动的方向判断来球的旋转性质。一般来说,对方由下(上)向上(下)挥拍击球为上(下)旋球;由左(右)向右(左)挥拍击球为右(左)侧旋球;由左上(右上)向右下(左下)挥拍击球为右(左)侧下旋球;由左下(右下)向右上(左上)挥拍击球为右(左)侧上旋球。

二是根据球的飞行情况和着台反弹情况判断来球的旋转性质。带上旋的球在空中飞行时,前段慢、后段快、着台反弹冲力大;带下旋的球在空中飞行时,前段快、后段慢、着台反弹冲力小。旋转越强,以上现象越明显。

## 6.注意事项

判断来球,需要运动员具有较强的应变能力和观察能力,在具体的比赛中要特别注意观察对方击球时球拍触球瞬间的动作,切勿被对方的假动作所迷惑。同时,还应把己方上次回球的旋转、落点、速度等情况及其对对方击球的影响考虑进去,从而做出正确的判断。

## (二)移步

在对战中,由于乒乓球的速度快,且变化复杂,因此,需要移步来抢占有利的击球位置。例如,在还击来球过程中,脚步移动好,能够迅速抢占有利的击球位置,提高回球的命中率和击球质量。反之,脚步移动差便难以抢占有利的击球位置,勉强击球必然会破坏正确的击球动作,从而影响回球的命中率和击球质量。

由于乒乓球的特性,运动员在完成脚步移动时,既要有快速的反应能力、对来球的准确判断能力,又能还击果断、启动及时、步法灵活、身体协调。

综上所述,在乒乓球实际教学和训练中,要注意以下几点。

一是要培养运动员的快速反应能力,这是移步的前提。

二是要培养运动员判断来球的能力,这是移步准确性的保障。

三是要努力提高起动速度和位移速度,这是移步的关键。

四是要注意把步法练习与手法练习紧密结合起来。

## (三)击球

虽说击球是4个基本环节中的中心环节。但是要完成高质量的击球,必须以及时的还原为前提,以准确的判断为依据,以迅速到位的移动为保证。在击球过程中,需要的是综合技能,既要要求运动员根据对方的回球情况、自己的打法特点来果断确定还击方法,又要合理运用击球技术,力求取得最佳的击球效果。要特别注意把握好击球距离、用力方向与击球部位、击球点、触拍部位、击球时间和力量运用。

### 1.击球距离

击球距离的长短与发力大小和还击时的击球方法有着密切关系。例如,用弧圈球技术击球,其击球距离长;用攻球技术击球,其击球距离稍短;用推挡技术击球,其击球距离较短。

击球距离的长短与打法类型、技术风格等有一定的联系。例如,以速度、落点见长的运动员,击球时的击球距离一般较短;以力量、旋转为主的运动员,击球时的击球距离相对较长。在击球时,应注意根据还击方法的不同要求,选择适宜的击球距离。

适宜的击球距离,应以合理的击球点为基准,通过正确的引拍动作而取得,绝不能采用随意改变击球点位置的方法,去加长或缩短击球距离。

因此,击球时应注意把握好引拍的时机、引拍的方向、引拍的方法、引拍的幅度和引拍的节奏。

### 2.用力方向与击球部位

击球部位与用力方向的有机结合,是提高回球准确性和击球质量的关键。击球时,主要通过调节击球部位和用力方向来控制回球的飞行弧线。在保证飞行弧线合理的前提下,还需根据来球的不同情况和还击方法的不同要求,有机地结合击球部位与用力方向,以求取得最佳的击球效果。击球部位与用力方向的结合有以下几种方式。

一种是相对固定用力方向,以调节击球部位为主,如推挡技术就多采用此法。

另一种是相对固定击球部位,以调节用力方向为主,如弧圈球技术就多采用此法。

还有一种是同时调节击球部位和用力方向,如攻球、削球技术就多采用此法。

采用不同技术还击各种来球时,其击球部位与用力方向的一般情况如下。

搓球对搓球:一般击球中下部,向前下方用力。

攻球对攻球:一般击球中上部,向前方或前上方用力。

拉弧圈球:拉加转弧圈球一般击球中部,向上前方用力;拉前冲弧圈球一般击球中上部或上中部,向前上方用力。

削球对攻球:一般击球中下部,向前下方用力。

攻球对削球:一般击球中部或中下部,向前上方用力。

还击来球时,击球部位由触球时的拍形所决定,用力方向由击球时的挥拍路线所决定。因而在教学和训练过程中,不仅要努力提高反应判断能力和脚步移动能力,而且要高度重视培养手上调节能力。

3. 击球点

击球点的确定须有助于击球力量的发挥、击球动作的协调和对回球弧线的控制。为此,在确定击球点时应注意以下几点。

(1) 合理选择击球点

无论采用哪种技术击球,均应注意击球点既不能偏后,也不可过前;既不能太低,也不可过高;既不能靠身体太近,也不可离身体过远。但是有一点得注意,即一定要将击球点选择在身前(躯干远离球网一侧的前面),切忌在身后击球,同时击球点应与击球者的身体保持适宜位置。

(2) 相对固定击球点

不同技术对击球点的要求各有差异。例如,攻球的击球点比削球的击球点略前、略高;弧圈球的击球点比攻球的击球点略后、略低。但是,每种技术的击球点必须各自相对固定,击球时始终保持在某一合适的位置上。要取得合理的击球点,必须加强脚步移动,及时抢占有利的击球位置,否则便难以达此目的。

4.触拍部位

合理的触拍部位,不仅有助于增强击球的力量、旋转及其变化,提高回球的攻击力,而且有助于运动员控制来球,对提高回球的准确性来说也是至关重要的。

采用不同的技术动作击球,对触拍部位的要求各不相同。例如,削球或搓球时,应用球拍的左下部位击球;拉弧圈球或攻球时(以正手击球为例,下同),应用球拍的右下部位击球。

对初学者来说,练习时要严格按照各种技术动作的要求,正确掌握好触拍部位,这样有利于初学者迅速形成正确的动力定型。

随着技术水平的提高,需要进一步掌握主动变化触拍部位的技术,以增强回球的变化。例知,拉弧圈球时,可用球拍的右下部位击球,拉出旋转较强的球,又可用球拍的左上部位击球,拉出旋转较弱的球;搓球或削球时,可用球拍的左下部位击球,打出旋转较强的球,又可用球拍的右上部位击球,打出旋转较弱的球。两者交替运用,不仅可以极大丰富回球的变化,而且在比赛中所收获的效果也是非常显著的。这种主动变化触拍部位击球的方法在发球中运用最为普遍,是增强发球变化、提高发球质量的重要手段。增强主动变化触拍部位的能力,需要注意以下几个方面。

一是要求运动员应具有准确的判断、灵活的步法、合理的手法。

二是要求运动员应具备精确的时空感觉和细腻的手上感觉。

上述这些能力只有在成千上万次的击球练习中去反复体验,不断积累才能获得。因此,在乒乓球教学和训练中要特别强调集中注意,开动脑筋,手脑并用,想练结合。否则,只会事倍功半,达不到理想的练习效果。

5.击球时间

各种技术动作的击球时间各不相同。例如,拉加转弧圈球时击球下降期,拉前冲弧圈球时击球高点期;近台攻球时击球上升期,中远台攻球时击球下降期;近台削球时击球下降前期,中远台削球时击球下降后期;快推时击球上升期,加力推时击球高点期。

不同类型的打法在击球时间上亦各具特点。削攻类打法主要是后发制人,击球多在下降期;弧圈类打法以旋转为主,击球多在高点期前后;快攻类打法以速度为主,击球多在上升期。

因此,在还击来球时,应根据自己的击球方法和打法特点选择好击球时间。

**6.力量运用**

合理运用击球力量,不仅可以增强击球的攻击力,而且还能丰富战术的变化,对回球的准确性有较大的提高。不同技术、战术和打法,击球力量的运用各不相同。

(1)不同技术的力量运用

①在中台或中远台还击来球时,击球多以上臂为主带动前臂发力,如中远台攻球、弧圈球、远削等。

②在近台或中近台还击来球时,采用以速度为特点的技术击球,多以前臂发力为主,如快推、快拨、近台攻球、近削等;采用以力量为特点的技术击球,多以上臂为主带动前臂发力,如扣杀、前冲弧圈球等。

③还击近网短球时,击球多以手腕发力为主。如攻台内球、摆短球等。

(2)同战术的力量运用在各种战术中,力量的运用可分为发力、减力、借力3种

①发力

击球时主要依靠己方发出的力量把球还击过去。发力击球是比赛中的主要得分手段,其难度较大,对技巧和素质的要求较高,因而需要经常练习,努力提高。

②减力

击球时缓冲对方来球的反弹力,使回球的球速减慢,打出距离缩短。在对方离台较远时,运用减力击球的方法可以起到削弱对方攻势和调动对方移位的作用。

③借力

击球时主要借用对方来球的反弹力把球还击过去。借力击球具有一定的速度,利于控制落点,比较稳健,是相持阶段的重要技术。

(3)不同打法的力量运用

①以速度为主的各种打法,击球时多以撞击为主,如快攻类打法。

②以旋转为主的各种打法,击球时多以擦击为主,如弧圈类、削攻类打法。

综上所述,乒乓球击球力量的运用应注意处理好上臂、前臂与手腕,发力、减力与借力,撞击与擦击等各种复杂关系。既坚持以我为主、特长突出,又做到技术全面、变化多样、适应性强,将较高的准确性与较强的攻击力有机统一起来,力求取得最佳的击球效果。

**(四)还原**

每次击球后都必须迅速还原,及时的还原是连续击球的重要保证。

1.基本姿势还原

基本姿势的还原主要包括执拍手动作的还原和身体重心的还原,这是每次击球后所必不可少的。

(1)执拍手动作还原

执拍手动作的还原,应注意击球后的迅速放松和还原动作的简洁实用。

(2)身体重心还原

还原身体重心的意识要特别强,击球一经结束,承受重心的腿就应像被压紧的弹簧一样,立即将身体重心"弹"回。

2.基本站位还原

在具体的对战中,要做到基本站位的还原是相当有难度的,但是这对赢得比赛来说至关重要。基本站位还原应注意以下几个方面。

一是应对基本站位这一概念有一个正确的认知,基本站位不是指固定的地点,而是指一个范围。

二是基本站位在具体的对战中是处于动态变化的,应根据客观实际灵活把握。

三是在具体的教学中,教师一定要着重向学生强调这一点,并不断练习,灵活处理基本站位还原。

## 二、击球的动作结构

(一)准备姿势

击球的开始,首先是按照击球技术的要求,调整好两脚位置、身体重心和身体姿势,做好挥拍击球的准备。例如,当决定采用反手攻球技术还击来球时,就应右脚在前,左脚稍后,身体略向左转,重心移至左脚;当决定采用正手攻球技术还击来球时,就应左脚在前,右脚在后,身体略向右转,重心移至右脚。击球前的脚步移动、击球时的准备姿势和引拍动作,三者彼此衔接,紧密配合,常常是一气呵成、不可分割的。

(二)摆臂引拍

摆臂引拍是指迎球挥拍之前,为拉开击球距离而顺着来球方向所做的摆臂动作。引拍的作用主要在于保证击球时能够更好地发力。引拍动作的正确与否,直接影响着击球动作及击球质量。引拍是否及时,是能否保持合理击球点的重要条件。引拍是否充分,是能否发挥击球力量的重要因素。引拍的方法和引拍的结束姿势若不正确,必然导致整个击球动作出现错误。此外,引拍的方向与挥拍方向紧密相连,关系着回球的旋转性质。

(三)迎球挥拍

迎球挥拍是指从引拍结束到击中来球这段过程的动作。挥拍动作的正确与否,对回球的准确性和击球的质量均具有较大影响。挥拍的方向决定回球的旋转性质,并影响回球的飞行弧线和击球线路。挥拍的速度决定击球力量的大小,从而影响球速的快慢、旋转的强弱。

(四)球拍触球

球拍触球是指球拍与球体相触及时的动作,是整个击球动作中的核心部分。球拍触球时的击球点、击球时间、拍面角度、拍面方向、触拍部位、用力方向、发力大小等,直接决定着回球的出手角度、出球速度和旋转性质。

(五)随势挥拍

随势挥拍是指球拍触球后顺势挥动球拍的那段动作,它有助于保证击球动作的完整性、协调性和稳定性。球拍触球之后,随势挥拍的动作幅度不能过大,要注意立即放松各有关肌群,否则将有碍于击球后的迅速还原,影响连续击球。

(六)放松动作与身体配合

1.放松动作

放松动作是指击球动作完成后,身体有一个短暂的放松过程。它对连续击球有着重要作用,是保持身体平衡的关键。

2.身体配合

身体配合是指身体各部位在击球过程中的彼此协同。协调的身体配合是提高击球质量的重要条件。

了解击球动作的结构,对于提高组织教学和分析动作的能力有很大帮助。在教学训练中,如能按照击球动作的结构进行讲解、示范和组织练习,可以加强教法的系统性;如能根据击球动作的结构去观察分析击球动作,有助于及时准确地发现和纠正错误动作,提高教学训练质量。

# 第五节 乒乓球的基本站位与准备姿势

保持合理的站位和正确的姿势能够帮助运动员及时移步并采用多种技术还击来球,使运动员的技术得到正常发挥。

## 一、基本站位

基本站位应当与不同的打法相适应。基本站位一般可以分为以下几种类型。

（一）快攻类

左推右攻打法的基本站位:近台偏反手位处,如图2-35(a)所示。两面攻打法的基本站位,在近台中间略偏反手位处,如图2-35(b)所示。

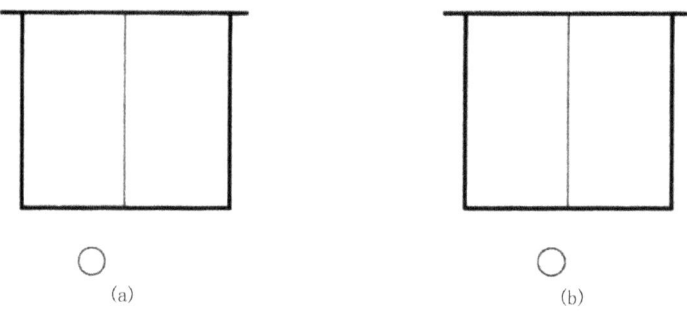

图2-35 快攻类基本站位

（二）弧圈类

快攻结合弧圈打法的基本站位:中近台中间略偏反手位处,如图2-36(a)所示。弧圈结合快攻打法的基本站位:中台中间略偏反手位处,如图2-36(b)所示。

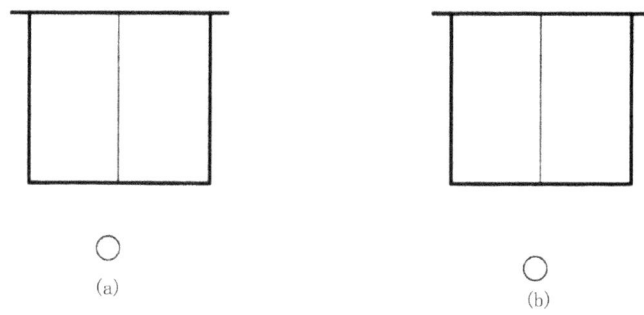

图 2-36 弧圈类基本站位

(三) 削攻类

削攻挡结合打法的基本站位:中近台中间略偏反手位处,如图 2-37(a)所示。攻削结合打法的基本站位:中台中间略偏反手位处,如图 2-37(b)所示。削中反攻打法的基本站位:中远台中间略偏反手位处,如图 2-37(c)所示。

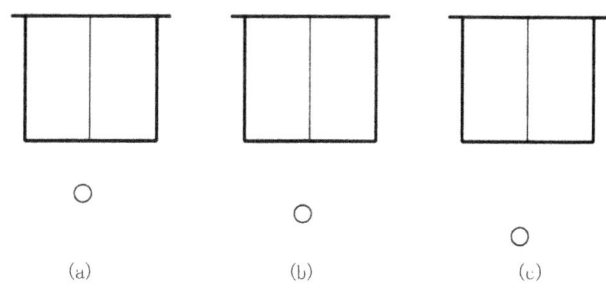

图 2-37 削攻类基本站位

## 二、基本姿势

击球前,身体重心置于两脚之间。两脚平行站立,略宽于肩。双脚前掌内侧着地,脚跟微提,便于移动身体。两膝微屈、内扣,小腿略内旋,以增加运动肌群。含胸收腹,上体略前倾。执拍手手臂自然弯曲,直握拍时肘部略向外张,手腕放松;横握拍时肘部向下,前臂自然平举。球拍置于腹部前方 20~40 cm 右侧。非执拍手手臂自然弯曲,置于腹前左侧,用来维持身体平衡,如图 2-38 所示。

图 2-38　基本姿势

击球前的基本姿势和基本站位并不是绝对的,可根据技术特点、运动员自身特点、打法类型等进行调整。

# 第六节　乒乓球的握拍法

直握法和横握法是目前世界上流行的握拍法。2 种握拍方法各具特点。直握法正手攻球快速有力,变线灵活;正反手交替击球时摆臂动作幅度小,速度快;反手攻球不便发力,动作难度较大。横握法正反手击球都能够发力,但在正反手交替击球时需转换拍面,从而影响摆速。

## 一、直握拍法

常见的直握拍法有快攻型握拍法、弧圈型握拍法、削攻型握拍法。

### (一) 快攻型握拍法

快攻型握拍法是用食指中节和拇指末节扣住拍肩,两指指尖相距 1~2 cm,拍柄贴住虎口,剩余三指在拍后自然弯曲,中指末节顶在拍身上 1/3 处,无名指和小拇指交叠于中指下面,如图 2-39 所示。

图 2-39　快攻型握拍法

## （二）弧圈型握拍法

弧圈型握拍法是用拇指贴住拍柄,食指从球拍的前面扣住拍柄,两指指尖靠拢形成一个环状扣紧握紧拍柄,剩余三指在拍后自然弯曲,中指、无名指末节顶于球拍身中部,如图2-40所示。

图2-40　弧圈型握拍法

## （三）削攻型握拍法

削攻型握拍法是用拇指紧贴拍柄前面左侧,略微用力下压拍身,剩余四指在拍后自然分成扇形,托住球拍,图2-41所示。

图2-41　削攻型握拍法

## 二、横握拍法

横握拍法的动作与握菜刀大致相同。即拇指伸在球拍正面,虎口贴住拍肩,食指在球拍反面伸直支撑球拍背面,其余三指握住拍柄。当采用正手攻球时,食指可略微向上移动;当采用反手攻球时,拇指可略微向上移动,如图2-42所示。

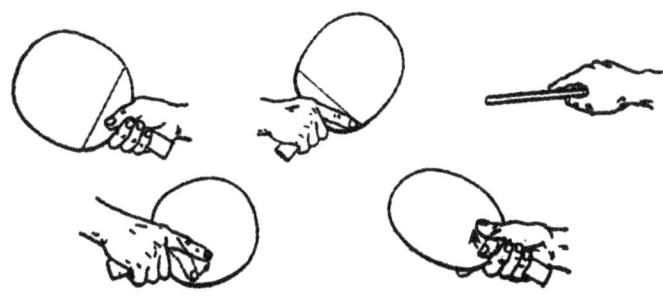

图2-42　横握拍法

## 第七节 乒乓球的步法

步法是乒乓球运动重要的基本功之一,高水平的步法可以有效提高击球的准确性和击球质量,并降低失误率。

### 一、基本步法

乒乓球常用的基本步法有5类,即单步、跨步、并步、跳步、交叉步。

(一)单步

单步步法是以一脚前脚掌为轴,另一脚向前、后或左、右移动一步形成的步法,该步法主要是在来球离身体较近时使用,如图2-43所示。

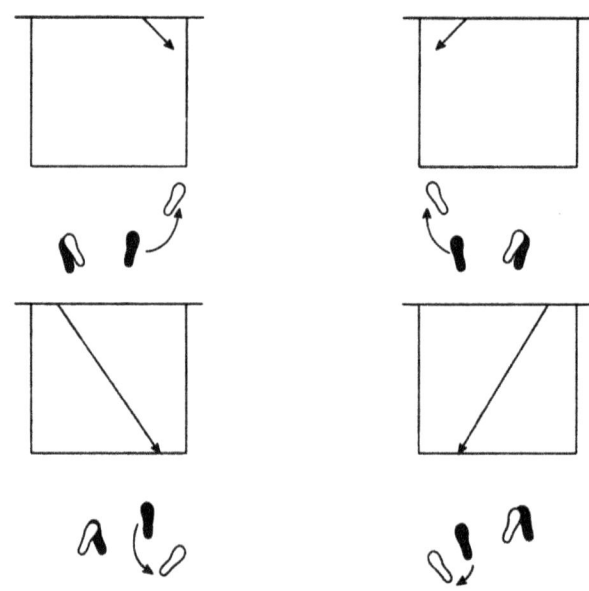

图2-43 单步

(二)跨步

跨步步法是以靠近击球点近侧方的一脚(①)先向击球点方位跨出一

步,另一脚(②)随即移动一步形成的步法,如图 2-44 所示。跨步步法的移动范围比单步大,适合来球离身体稍远时使用。

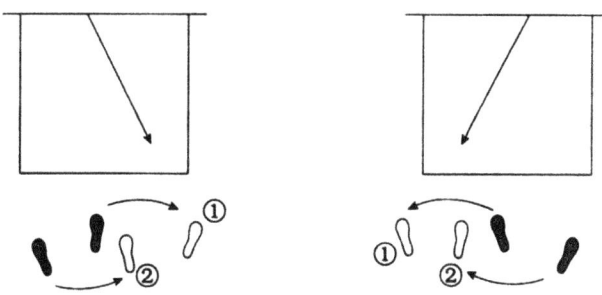

图 2-44　跨步

(三)并步

并步步法是以击球点远侧方的脚(①)向击球点方位(②)靠一步,另一只脚随即向击球点方位迈出一步形成的步法,如图 2-45 所示。该步法的移动范围虽然不大,但是移动时身体重心平稳,常用于削球打法。

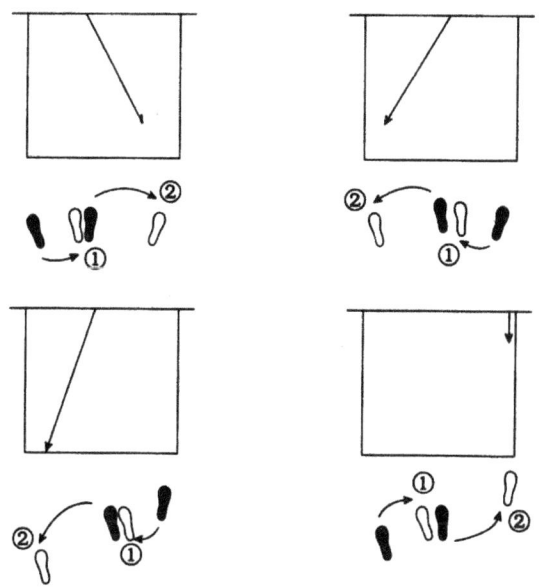

图 2-45　并步

(四)跳步

跳步步法是用距击球点近侧方的脚用力蹬地,两脚同时离地向击球点方位移动,同时击球点远侧方的脚先着地,另一脚跟着落地,如图 2-46 所示。该步法的移动范围较大,一般在来球离身体较远时使用。

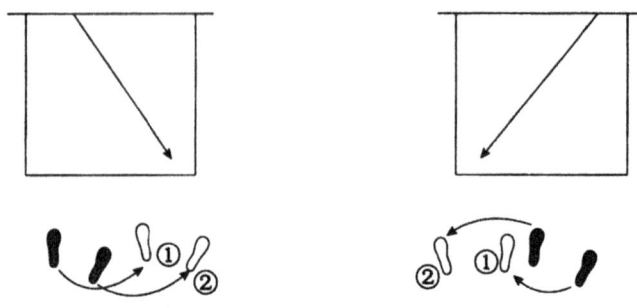

图 2-46 跳步

(五)交叉步

交叉步步法以聚击球点远侧方的脚先向击球点方位跨出一大步,另一脚紧跟着再向击球点方位迈出一步,如图 2-47 所示。该步法的移动范围较大,常用于回接大角度来球时使用。

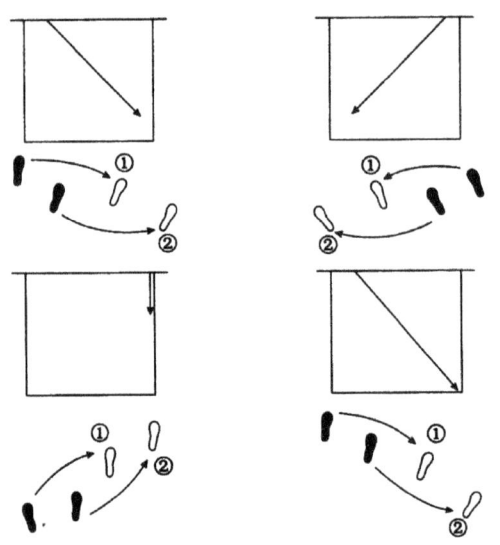

图 2-47 交叉步

## 二、步法运用

运用不同类型的打法,其运用步法的情况有所不同。

## (一)回击近网短球的步法

快攻类和弧圈类打法主要采用单步上位,当练习者距离球台较远时,可以采用跨步上位。

削攻类打法分为2种情况,当练习者离球台较近时,主要采用单步或跨步上位;当练习者离台较远时,主要采用并步或交叉步上位步法。

## (二)从左到右及从右到左的步法

当进行小范围的左右移位时,主要采用单步。

当进行大范围的左右移位时,主要采用交叉步。

当进行较大范围的左右移位时,快攻类打法主要采用跨步;弧圈类打法主要采用跳步;削攻类打法主要采用并步。

## (三)由前退后的步法

当采用快攻类和弧圈类打法时,多采用单步退位;当进行较大移动范围时,可采用跳步退位。

当采用削攻类打法回接对方异侧方位击来的长球时,多采用并步或跳步退位;回接对方同侧方位击来的长球时,多采用单步或跨步退位;回接较大角度来球时,多采用交叉步退位。

## (四)侧身进攻的步法

快攻类打法侧身进攻时,主要采用跨步侧身,如图2-48(a)所示。

来球在身体中间稍偏右位置时,可采用单步侧身进攻,如图2-48(b)所示。

弧圈类打法侧身进攻时,主要采用跳步侧身,如图2-48(c)所示。

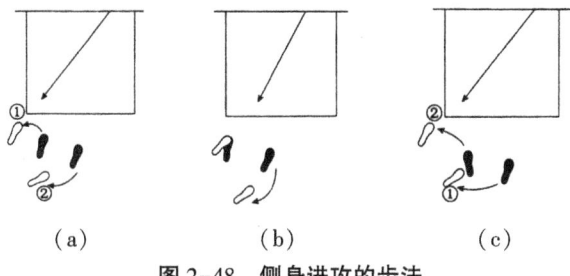

图2-48 侧身进攻的步法

# 第三章 乒乓球运动基本技战术研究

> 乒乓球是一项集智力、体能、技术、战术为一体的全身性隔网对抗运动技术。想要对乒乓球运动有更深刻的认识,则需要对其技术和战术展开深入研究。

## 第一节 乒乓球运动基本技术研究

乒乓球技术是战术的基础,其技术运用的好坏直接关系到比赛结果的成功与失败。因此,在训练过程中必须高度重视基本技术,努力提高动作质量。关于乒乓球基本技术的研究,主要包括基本功、发球技术、接发球技术、推挡球技术、拨球技术与攻球技术、弧圈球技术、搓球技术、削球技术、直拍横打技术等。

### 一、乒乓球基本功

(一) 基本概念

乒乓球基本功就是指乒乓球运动员为了达到某一高水平,所必须具备基本技能和基本体能。

1. 基本技能

乒乓球基本技能主要是指技术质量、变化能力和适应能力3个方面。

第一,技术质量。技术质量包括击球的准确性、速度、力量、旋转和落点,即通常说的打得准、打得狠、打得快、打得转、打得落点好。

第二,变化能力。变化能力包括击球的速度变化能力、力量变化能力、旋转变化能力、节奏变化能力和落点变化能力。

第三,适应能力。适应能力是指双方在击球的过程中,对方使用的各种不同性能的球拍,各种不同的打法,所变化的速度、力量、旋转、节奏、落点等,都具备适应的能力。

2.基本体能

基本体能主要指运动员的专项身体素质。包括击球时,前臂和手腕手指的爆发力,视觉和动作的反应快慢,观察旋转、落点的精确判断能力。步法移动快,及时、准确到位的能力。左右摆速挥臂击球的快慢,全身配合的协调性及专项耐力能的持久等。

(二)熟悉球性的练习方法

人们刚开始学习打乒乓球时,要么是打不着球,要么是击球出界,很难将球打到对方台面。其主要原因是对乒乓球和球拍的性能不熟悉。因此,初学者在学习乒乓球之前,应先做熟悉球性的训练。

1.托球

第一,原地托球。持拍手平执拍于腹前,不持拍手将球由上往下丢到拍面上,持拍手进行向上连续平托,等练熟后再练习托高低球。

第二,移动托球。向前后左右方向走动中、跑动中托球,再练向左右旋转身体180°~360°托球。

第三,变样托球。先练向上左、右托球,再练向上前、后托球,变花样托球,如通过腿抬起托球,身体下蹲、站起、旋转变样托球等。

2.对墙击球

第一,对墙击落地球。托球者面对墙,托击球至墙壁反弹落地后,再进行连续托击,由远到近。

第二,对墙托击球。托球者面对墙,持拍托击墙壁,球反弹回后不等落地前进行连续托击。距离由远到近,速度由慢到快,力量由小到大。

第三,对墙挡球。拍形稍后仰,变托球为挡球。向前用力比托击球多,速度比托球快。

第四,对墙攻球。对墙攻球可以采用同挡球相同的方法。

3.徒手模仿动作的造型训练

初学者在熟悉球性的同时,也要做一些简单的徒手模仿动作练习。一般是先练推挡和攻球,练习时先徒手练,再执拍练习。教练员对初学者在开始练习时一定要严格要求,做到徒手模仿动作符合技术动作要领,不要求快,只求正确。初学者可以相互观察、相互指正,也可以自己对着镜子观察练习,如发现动作错误或效果不好时应及时纠正,在改正动作时可将动作放慢,改对了再逐渐加快。做手法模仿时不仅手臂的摆动和拍形要正确,而且还要注意腰髋、腿的动作,以及身体重心的转换和全身的协调配合用力。

4.步法模仿

可以在球台前进行,也可以在其他地方进行。可先练单步、换步、跳步和跨步,最后再练侧身步、交叉步。在开始练习时也要做到先慢后快,其目的是体会练正确、练熟练。

5.手法步法结合模仿

通过手法模仿造型和步法初步学习,对击球动作和步法都有了初步亲身体会和掌握以后,可把击球动作和步法结合连贯起来进行完整的模仿练习。在做这种模仿练习时,一定要注意做到先移动步法,后"击球"的动作结构,以保证击球动作的正确。其目的是建立完整的正确的击球动作造型。

## 二、发球技术

发球在比赛中具有技术和战术上的意义,它是唯一不受对方来球制约的技术,同时它也是连接整个乒乓球比赛的重要环节。

(一)发球的要求

1.速度、旋转、落点相结合

以速度、落点准确为主,配合旋转:要求发球时的出手动作一定要快,而且落点准确;以旋转为主,配合落点:要求旋转变化差距大,发球动作又相似,真假结合。

2.有自己的绝招

在掌握发球技术比较全面的基础上,精练1~3套独特的绝招。

3.创造新发球

一是创造出原来没有的发球。二是将原有的发球质量提高,使其由量变达到质的飞跃。

4.避免单一发球

避免"清一色"高抛、旋转大同小异、落点皆以短球为主的发球,要向多类型、高质量发球方向努力。

5.保证动作规范

在发球时,严格要求发球动作,必须符合发球的规则要求。

(二)发球的种类

发球的变化很多,按性质来划分,可分为速度类发球、落点类发球、旋转类发球;按形式来划分,可分为低抛球、高抛球和下蹲式发球;按方位划分,可分为正手发球、反手发球。

下面以几种主要的发球技术加以分析。

1.平击发球

(1)特点及应用

平击发球是初学者最基本的发球方法,是一种运动力量轻、速度慢、旋转弱的一般上旋球,平击发球分正手平击发球和反手平击发球 2 种。

(2)动作要领

①正手平击发球

站位近台中间稍偏左半台,左脚稍前,抛球同时转体,手臂向身体右侧上方引拍,小臂带动大臂向前平行挥动,拍形前倾。当球跳至下降期时,挥拍击球的中上部向前方发力,使球的第一落点在球台的端线附近。

②反手平击发球

站位球台中间稍偏左半台,右脚稍前或平行站立,将球从身体左侧方抛起,抛球同时身体略向左转,持拍手向身体左后方引拍,拍形前倾,当球跳至下降期时,击球的中上部向右前方发力,使球的第一落点靠近端线。

2.正手发转与不转球

(1)特点及应用

它是指发球者正手用相似的动作发出旋转强弱差异较大的球,这种球具有速度慢、前冲力小的特点。在比赛中,发转与不转配合使用,可以在旋转上迷惑对方,以破坏对方的接发球技术,造成对方判断失误,可伺机抢攻甚至直接得分。

(2)动作要领

第一,发加转球时,手臂由后上方向前下方挥摆,前臂作旋外转动使拍面后仰,手腕用力使球拍下部靠左的一侧去摩擦球的底部。

第二,发不转球时,前臂作旋外转动应稍慢使拍面的后仰角度小些,用球拍下部偏右的一侧碰击球的中下部,故球的旋转则较弱。

3.正手发左侧上(下)旋球

(1)特点及应用

这种发球以旋转变化为主,飞行弧线向对方左侧偏拐,球速较慢但在左侧旋力较强。这种技术动作幅度小、出手快。正手发左侧上旋是指对方平接回接时,球向发球员的左侧上方飞出;正手发左侧下旋球是指球向发球员的左侧下方下网。2种发球动作相似,具有一定的稳定性,是运动员在比赛中运用较多的发球方法。

(2)动作要领

左脚在前,右脚在侧后,在球向上抛起的同时持拍手向右后上方引拍,球拍稍后仰,手腕外展。当球落下时,手臂自右上方向左下方挥拍,在球拍触球的瞬间加大前臂、手腕的爆发力,增强球的旋转。

发左侧上旋球时,球拍从球的右侧中下部向左下方挥摆,球拍从球的右侧中下部向左侧面摩擦,并在触球时勾手腕以加强上旋,如图3-1所示。

图3-1　正手发左侧上旋球

发左侧下旋球时,手臂自右上方向左前下方挥拍,球拍从球的右侧中下部向左侧下部摩擦,拍面后仰,腰要配合向左转动,如图3-2所示。

图3-2　正手发左侧下旋球

### 4.奔球

(1)特点及应用

奔球分正手奔球和反手奔球2种,它的特点是球速快、冲力大、落点长、弧线低。在比赛中,可以运用奔球的速度和落点的变化干扰对手,创造抢攻条件。

(2)动作要领

①正手奔球

左脚稍前,身体侧对球台,在球向上抛起(抛球不宜过高)的同时,持拍随即向右上方引拍,拍形稍前倾,腰向右转。当球下降至网高时,前臂带动大臂从右后向左前方挥动,触球瞬间运用手腕的力量击球,再变化拍面发出斜线和直线球,随后重心转至两脚上,面向球台还原。

②反手奔球

右脚稍前,身体略向左转,在球向上抛起(抛球不宜过高)的同时,持拍随即向左后方引拍,大臂靠近身体。当球下降至网高时,用小臂带动大臂由左后方向向右前方挥动,拍面前倾,摩擦球的左侧中上部。

### 5.反手发急下旋球

(1)特点及应用

这种发球球速快、弧线低、冲击大、落点长,迫使对方后退接球且极易造成对方下网失误,为本方抢攻做准备。但它在比赛中只能做配合及牵制使用。

(2)动作要领

右脚稍前或两脚平行,腰略向左转,抛球的同时右臂稍稍内旋,拇指压拍时拍面稍稍后仰,向后上方引拍。当球降至身体左前侧与网同高或略低于网高时,前臂迅速用力向前下方推球,用边碰撞边摩擦的动作击球的中下部,球击出的第一落点在本方台区的端线附近。

### 6.高抛发球

(1)特点及应用

1964年,我国吉林省运动员刘玉成发明了高抛发球。它是指发球员将球抛至2 m空中,待下落到一定程度时击球。挥拍时上臂外展的幅度较大,要借助转腰和蹬地的力量。由于抛球高度大幅提高,使球体下落时的速度骤增,具有球速快、旋转强、变化多、时间差明显等特点,目前已被世界优秀的运动选手采用。高抛发球有正手高抛发球和反手高抛发球2种。各种高抛发球的动作方法、触球部位和发力方向等与低抛发球基本相同。为提高发球质量,在发球时应有旋转、落点和线路的变化。

(2)动作要领

①正手高抛发球

站位左半台,身稍侧,将球抛高,抛球手的肘部贴近身体左侧,抛球时用小臂向上抛起的力量,让球与地面垂直,使球在身体的右侧前方降落。当球下降至头部高度时,由右上方向左下方挥动球拍。发左侧上旋球时,球拍从球的右侧中下部向左侧上部摩擦;发左侧下旋球时,球拍从球的右侧中下部向左侧下部摩擦。发力方向和挥拍路线应对准对方右角使球呈最直线前进,如图 3-3 所示。

图 3-3　高抛式发球

②反手高抛发球

反手高抛发球是 20 世纪 80 年代我国选手在反手低抛发球的基础上创新的发球技术,代表人物为女单世界冠军曹燕华。主要有反手高抛发右侧上旋球和右侧下旋球,在比赛时常常将两者结合起来运用。

右脚在前,左脚稍后,持球手用力向上抛球,当球开始下降时,持拍向左上方引拍,上体略向左转,用以增大击球的距离。

当球下降到头部高度时,持拍手从左上方经身体前向右下方挥拍,球拍触球的左中下部并向右侧上部摩擦。球拍触球瞬间手腕由左向右抖动,以增大球的旋转,此为右侧上旋球。

持拍手从左后上方向右下方挥拍,球拍从球的左侧中下部向右侧下部摩擦。触球瞬间手腕由左向右抖动,增大球的旋转,此为右侧下旋球。

7.逆旋转发球

(1)特点及应用

逆旋转发球是在旋转发球的基础上发明的一项新的发球技术。其特点是出手快、发力协调、动作隐蔽、旋转力强且富于变化。由正手发出的球具有类似反手发球的性质,因此,适合反手具备抢攻能力的选手使用。其中代表人物有中国选手张继科和德国名将波尔。

(2)动作要领

左脚在前,右脚稍后,将拍引至后肘部抬起,前臂及手腕由内向外挥摆,手腕向内后引拍,触球时自左向右发力摩擦。发侧上旋时,触球的左侧上部,向前下用力;发侧下旋球时,触球的中下部,向下用力。

## 三、接发球技术

由于发球没有任何技术上的限制,增大了接发球的难度。所以,提高接发球的技术能力,可以迅速提高比赛实战能力。

接发球是在比赛中由防转攻、攻防转换最常用的方式。转变相持阶段或相对被动的状态,争取主动,是接发球中的基本指导思想。

### (一)站位的选择

乒乓球运动中,站位的良好与否对接发球来说至关重要。接发球时选择所站的位置,需要能够通过一个简单的步法移动,照顾到回击本方台面来球。站位能否为本方进攻创造有利条件是站位是否合理的依据。一般情况下,接发运动员的站位在站台中间稍偏左位置,站位离球台 30~40 cm。

### (二)回接各种发球的方法

接好发球的第一步是做好判断,只有判断对来球的方向、力量、落点、旋度等,才能更好地运用接发球技术。做出判断之后,就可采取各种接发球的技术。常见的接发球技术有以下几种。

1.搓接

由于搓球的出手快、动作小、隐蔽性强,运动员可以根据自身的打法和特点,对这一技术进行进一步划分,慢搓、快搓、摆短、搓长、晃撇等。

(1)摆短

摆短是快搓短球的一种方法,其特点是出手快、突然性强,能有效限制对手的拉、打。在用摆短接发球时,手臂离身体要近,如果离得过远就很难控制球的力量,从而影响接发球的准确性和质量。同时,手臂不要过早地伸入台内,这样难以体现摆短技术出手快的特点。另外,短板接发球应当在球跳至上升期时击球的中下部,增加球速。

(2)搓长

搓长技术的运用主要是为了配合摆短运用的快搓底线长球。它的最大特点是速度快、突然性强。搓长的手法与摆短极为相似,都是以小臂发力为主。另外,手腕的摆动不能过大,否则会影响击球感觉。

(3)晃撇

晃撇一般是在侧身位正手搓侧旋球、斜线球,常用来接短球与侧身挑直线配合运用,可使对手不敢轻易侧身,进行有威胁的正手抢攻。当来球跳至最高点时击球,球拍接触球的后中下部,手腕外展向左侧前下方摩擦球,使球带有左侧下旋,落台后向外拐。

2.挑接

挑接分为正手挑和反手挑,其中反手挑主要由横板运动员或直拍横打运动员运用。

当球即将过网时,持拍手臂伸进台内,同时根据来球的方位不同,脚朝前跨步,将腿插入台内。正手位上右脚;反手位,则用反手挑,也可以使用持拍手的同侧脚;侧身位,则上左脚,右脚适当跟上。当球跳至高点期时击球的后中部。在击球瞬间,手腕突然内收(正手)或外展(反手),给球一点摩擦,以保证准确性。

如果挑接运用得好,可以变被动为主动,因此,它是接短球的一种比较主动的方法。现如今,乒乓球运动员多以搓接为主,在开始练习时,增加挑接的训练比重可以有效提高运动员的基本技术水平。

3.拉接

拉接多用于对付长球。在拉接中,第一时间与第二时间具有本质上的区别。第一时间是指手高于球台或基本与球台在一个水平面上接触球的时间,此时拉接容易发力,能够保证一定的准确性。第二时间是指手低于台面接触球的时间,在第二时间接触球时,需要进行适当的调整,在力争压低弧线的同时,靠落点来控制对手。

初学者练习拉球时,需主要练习第一时间拉接,体会发力击球对旋转的感觉,待熟练掌握之后,再开始练习第二时间拉接的感觉。

4.攻打

攻打在接发球中是一项难度较大的技术,主要用来对付长球。由于发球旋转强,突然性和速度也今非昔比,给接发球攻打技术的运用造成了极大的困难,以致现在的比赛中运动员接发球时,使用攻打的概率已经很低。[①]攻打作为乒乓球的一项主要技术,其特点主要是威胁大、难度大。

5.接半出台球

接半出台球主要考验的是运动员的意识和胆量。其基本原则是能拉接,不要搓接;能挑接,不要搓撇。

在运用拉接技术时,重心略高、前移,手臂向球台抬高、靠近,主要使用前臂和手腕的突然向前发力,不要引拍过大且整个动作幅度不要过大,类似于小前冲。在这些环节中,最关键的是抬高重心。这种球相对短球较长,有可能会出台。因此,在运用挑接时要给球一定的力量,击球时带有冲击力,这样才能克服来球的旋转,达到挑接的目的。

## 四、推挡球技术

推挡球技术是我国乒乓球直拍快攻打法的基本技术之一,在左推右攻打法中占有极其重要的地位。由于推挡站位近、落点多变、动作小、速度快并具有一定的力量,因此,在比赛中能调动和压制对方,为正手攻和侧身攻创造有利时机,还可以起到积极防守和转被动为主动的作用。

运用推挡技术时,站位通常在会球台左半台的1/3处,站位离台40~50 cm。站立时两脚开立,比肩略宽,左脚稍前,右脚在后;也可采用两脚平行,上体略前倾,双膝微屈,身体重心在两脚间的站立方式。握拍时拍面呈半横状,拍形近丁垂直,食指用力,拇指放松,上臂与前臂的夹角约为100°,上臂和肘部自然靠近身体右侧,肩部放松。

(一)推挡的技术特点、运用及要领

1.平挡球

(1)特点及应用

平挡球的特点是力量轻、球速慢、动作简单,掌握起来较为容易,初学者通过反复练习便可掌握该技术。通过反复练习平挡球可以熟悉球性,体会击球时的拍形变化,提高控球的能力。

---

① 虞荣安.新编乒乓球教程[M].西安:西北工业大学,2011:109.

(2)动作要领

两脚平行站立或左脚稍前。身体离球台 40~50 cm。击球前,前臂与台面平行伸向来球。在上升期击球的中部,当拍触球时,前臂和手腕稍向前移动,借助对方来球的反弹力将球挡回,拍形与台面接近垂直。击球后,迅速收回球拍,还原成击球前的准备姿势。

2.快推

(1)特点及应用

快推的特点是出手快、变化线路多。它是学习其他推挡技术的基础。在对攻时可运用对推两大角或突袭对方空当,使对方应接不暇,造成其直接失误或漏出破绽,为自己创造抢攻条件。快推一般适用于对付推挡球、中等力量的突击球和旋转较弱的拉球。

(2)动作要领

击球前,上臂和肘关节内收自然靠近身体右侧,手臂自然弯曲并向外旋,拍面角度稍前倾,适当后退将球引拍至身体前方。当来球跳至上升期时,前臂和手腕迅速迎前推出去。触球的瞬间手腕外旋配合手腕外展动作,食指用力,拇指放松,使拍面稍前倾击球中上部。以前臂和手腕发力为主,随着球拍触球,拍面逐渐向前稍改向上辅助用力。

3.加力推

(1)特点及应用

加力推的特点是力量重、球速快、有落点变化。它能抑制对方的攻势,在比赛中常用加力推迫使对方离台而陷于被动防守的局面。加力推与减力挡的配合运用,能有效控制对方,争取主动。加力推一般适用于对付速度慢、旋转较弱的上旋球或力量较轻的攻球及推挡。

(2)动作要领

击球前上臂后收,前臂提起,肘关节贴近身体,手臂自然弯曲并做外旋,拍面角度略微前倾。当来球跳至上升后期或高点期时,上臂、前臂和手腕加速向前下方推压,同时运用腰、髋向左转动加大手腕发力,用中指顶住拍背向前用力,击球中上部。

4.减力挡

(1)特点及应用

减力挡的特点是回球弧线低、力量轻、落点短。在进行对攻时,多在加力推迫使对方离台或对方回球力量不大时使用。采用减力挡可以调动对方前后奔跑,取得主动权。加力推和减力挡的结合是对付中台两面拉弧圈球打法的有效战术。

(2) 动作要领

手臂外旋,拍面稍前倾,身体重心略升高,不用撤臂引拍,前臂略收使拍面抬高,放置身前即可。当来球刚刚弹起时,手臂向前移动触球中上部,整个动作用力很小,主要是借力回击,拍触球一瞬间手臂和手腕稍向后收,以缓冲撞击拍的力量。

5. 推挤

(1) 特点及应用

推挤的特点是回球带左侧下旋,弧线低、斜线角度大。在对攻争夺中,它能主动改变旋转性能和落点角度,增大对方回球的难度,为自己创造反攻的机会。推挤的角度大、落点低、球速慢,可以与加力推挡相结合,发挥更好的作用。由于它的触球部位是来球的弱旋转区,因此,是对付弧圈球的一种有效办法。

(2) 动作要领

手臂自然弯曲并做外旋,上臂和肘关节略向后引,前臂上提,将球拍引至身体前方较高处。击球上升期,拍面稍前倾触球左侧中上部,向左前下方用力推挤,同时腰、髋向左转动配合发力。要变直线时手腕内屈,拍面朝直线方向,触球的右侧中上部,向前发力。

6. 下旋推挡

(1) 特点及应用

下旋推挡的特点是落点长,回球下旋、弧线较低,球落台后向前滑。在对攻时,可使用下旋推挡改变球的旋转性能,将球变为下旋,造成对方直接下网或不适应而陷于被动。但下旋推挡很难充分发力,用来对付上旋较强的球相对困难,因此,只能作为辅助技术使用。

(2) 动作要领

手臂微内旋,拍面角度稍后仰。前臂上提,将球拍引至身体前方。当来球跳至高点时,击球中下部,向前下方用力推切,触球瞬间拍形保持相对固定。在击球时可以前臂发力为主,增大球的下旋。

(二) 推挡球练习方法

第一,做徒手的挡球、推挡球的模仿动作,体会其中动作要领。
第二,两人上球台对练平挡球,不限落点,但基本要控制在半个球台内。
第三,先练习挡直线球,再练习挡左斜线球,逐渐加快击球速度。
第四,两人轮换练习加力推挡球。一人加力推挡,另一人平挡。

第五,一点推对方两点(一直一斜)。

(三)推挡球技术易犯错误和纠正方法

推挡球技术易犯错误和纠正方法,如表3-1所示。

表3-1 推挡球技术易犯错误和纠正方法

| 易犯错误 | 现象 | 纠正方法 |
|---|---|---|
| 手腕握拍过紧或过松 | 过紧时动作僵硬,过松时影响发力 | 手腕握拍过紧,注意拇指、手腕及手臂放松;手腕握拍过松,注意虎口紧贴住拍柄 |
| 推挡时,拍形前倾过大 | 球不过网 | 掌握正确的击球时间,要求拍触球时减少前倾角度 |
| 推挡时,击球时间过晚 | 击球过高 | 在上升期拍触球,拍面适当前倾 |
| 快推时,肘关节远离身体 | 动作不协调 | 反复挥拍,强化正确动作 |
| 推挡时,手臂前送不够 | 击球力量小 | 发力时,肘关节向前用力 |
| 挡球时,判断球的落点不准,拍形掌握不好 | 击球下网或出界 | 提高判断能力,加强手腕的灵活性和调节拍形的能力 |
| 快推时,拍形后仰,向下切击球 | 回球下旋,球下网或出界 | 肩放松,引拍低于击球点,发力时拇指放松,拍面适当前倾 |
| 推挡时,手腕太活,拍面角度不稳定 | 击球易下网 | 拍触球时,手腕紧张一点,固定好拍形,体会发力基本通过球心的感觉 |

## 五、拨球技术与攻球技术

(一)拨球技术

1.横板反手拨球的特点

在横板反手拨球时,由于握拍时球拍延伸距离长,因此,左右可以顾及的范围较大;当反手进攻时,因拍形固定且不受身体阻挡,发力较为容易;但是由于横板反手拨球的拍形较为固定,手腕灵活度不高,导致还击台内短球难度增大。

2.横板反手拨球动作要领

击球前将球拍位于腹部对准来球方向,球拍稍向前倾。以肘关节为轴,前臂向前发力,在球上升期击打球,附带摩擦将球击出,此时前臂转为垂直于底线。横板反手拨球以前臂发力为主,击球时手腕尽量不动。

3.横板反手拨球练习方法

第一,持球拍做徒手的拨球模仿动作,体会动作要领。
第二,两人上球台对练拨球,落点不限,但要在半个球台内。
第三,一人加力拨,另一人不发力。两人轮换练习加力拨球。
第四,一点拨对方两点(一直一斜)。
第五,先练习拨直线球,后练习挡左斜线球,逐渐加快击球速度。

(二)攻球技术

攻球技术是乒乓球技术中最重要的基本技术,是比赛中获取主动权和得分的主要手段,主要分为正手攻球、反手攻球和侧身攻球三大类。每种攻球技术的特点不同,其作用也不相同,下面主要以正手攻球为例,介绍攻球技术。正手攻球分为正手快点、正手快拉、正手快攻、正手快带、正手突击、正手扣杀、中远台攻球、正手杀高球等,良好的正手攻球技术是学习弧圆球技术的基础。

1.正手快点

(1)特点及应用

正手快点是乒乓球运动中进攻近网短球的重要技术,其特点是站位近台、动作小、线路活、主动性强,有利于对付近网短球。它用于还击正手位的发球、推挡球和一般的上旋球等。通过线路、落点变化,近网相持,调动对方,争取主动权,进行扣杀。

(2)动作要领

①站位靠于球台,当来球在右方时,上体、右脚和前臂同时到达球台右前方,上身贴近球台,前臂同时伸进台内,以利于在球的高点期击球。当来球在中路或左方时左脚上步,上体前倾,小臂带动大臂伸进球台迎球。

②当来球下旋较强时,球拍触球时拍面略微后仰,击打球的中下部,利用手腕向前上转动球拍,制造回击弧线;回接上旋球和不转球时,拍面略前

倾,触球的中上部,用前臂和手腕向前发力将球击出。

③前臂和手腕向前上方发力将球击出。

(3)易犯错误与纠正方法

易犯错误一:由于初学者在站位时容易平行站位或前后站位,加之他们无法自我调节和控制拍面角度,因此,攻球时容易导致球出左边线。

纠正方法:当右手握拍时左脚偏前站立,反之亦然。

易犯错误二:横握拍手腕内旋容易导致拍头朝上、拍面向前;直握拍手腕内收容易导致拍面向右斜。这2种拍形均较为容易造成掉球、漏球、无意滑板和不规则球。

纠正方法:横握拍时,不要晃动手腕,否则导致拍头朝上、拍面向前;直握拍时,不要将手腕内收勾腕,否则会导致拍面斜向右侧。

易犯错误三:动作僵硬,攻球时只是肩关节在运动,大、小臂夹死。动作缓慢,爆发力差,且在短时间内会消耗大量的体力。

纠正方法:注意大、小臂放松,在攻球时主要发力区域为肘关节,小臂离身体一拳左右。同时需要注意对爆发力和节奏的控制。

易犯错误四:抬肘极易造成拍面朝下,使攻球下网,从而影响到之后学习拉下旋球技术。

纠正方法:在练习时,时刻注意自己不要抬肘,养成正确的习惯。

易犯错误五:在攻球前,手腕下摆并内勾;在击球时,有明显的外展动作。虽然从物理学上讲这样可以增加力矩,但实际上这样减弱了攻球的稳定性。

纠正方法:正手在攻球时,手腕要相对固定,不能随意摆动。

2.正手快拉

(1)特点及应用

正手快拉的特点是动作小、手较快、线路活,运动员的站位稍离台。主要作为对付下旋发球、搓球和削球的过渡技术,抓住主动权,为扣杀创造条件,因此又称拉攻。

(2)动作要领

①站位近台,使手臂放松,上臂置于身体右前方,前臂略微下沉将球拍引至身体右后下方,略低于来球。当球跳至高点期或处在下降前期,上臂带动前臂加速朝左前上方挥动迎球,同时转动球拍摩擦球,以便制造弧线。

②一般情况下,来球下旋强,拍面稍后仰,击球中下部;来球下旋弱,拍面垂直,击球中部。

③击球后身体立即放松还原,为判断下一板来球做好准备工作。

3.正手快攻

（1）特点及应用

正手快攻是对攻中的一种常用技术，其特点是站位近、动作小、球速快。在正手快攻时主要是借助来球的反弹变化调动和控制对方，不仅可以创造如扣杀这样的进攻机会，有时也能直接得分。正手快攻是中国传统近台快攻打法的一项主要技术，也是正手攻球技术里使用频率最多的技术。

（2）动作要领

①站位近台，身体略前倾，右脚后退便于发力，前臂与地面平行。

②前臂挥动要快，腰发力带动大臂，小臂随大臂出，来球跳起未至最高点时触球中上部以向前发力为主将球击出，用力大小根据来球距网远近和离网高度加以调节，一般用60%~80%的力量。

③快攻时，可通过手腕调节拍面朝向，改变击球部位，控制球的落点。球拍触球中右部，转动手腕，可打出斜线球；球拍以触球中部为主，向前向下击球，可打出直线球。

④球击出后，快速还原，放松前臂，为下一板击球做准备。

（3）易犯错误与纠正方法

易犯错误一：身体动作不协调，无重心交换或重心交换不明确。

纠正方法：加强对腰腹肌力量的练习和身体协调性的练习，提高肌肉力量和控制能力。通过移动重心和不移动重心来感受击球的不同，并经过练习掌握重心交换击球的方法。

易犯错误二：手臂后甩动作过大，球拍下放幅度过大，有拉球的现象。

纠正方法：正手攻球时，在右侧身后设置标杆，限制向下或向后的动作，保证动作的正确性。

易犯错误三：击球落点杂乱，弧线不明显或太低，力量控制不稳，常出现下台和下网现象。

纠正方法：手持球拍，做原地向上连续快速击球练习，体会球与球拍接触时的感觉和力量变化；通过对墙快速击球练习，感受球反弹后的力量、方向和旋转，提高手对球拍的控制能力，更好地回击各种来球。

易犯错误四：正手攻球手腕下垂，过于放松，肌肉没有紧张感，手与前臂不能保持一条直线，球拍拍头向下垂，此时击球稳定性差，经常会出现漏球现象。

纠正方法：在做徒手快攻练习时，手腕立直，固定好手与前臂，养成正确的动作习惯。

4.正手快带

(1)特点及应用

正手快带的特点是出手快、弧线低、落点变化多。它主要用于对付弧圈球,降低来球质量,是过渡性攻击战术,变被动或相持为主动。

(2)动作要领

①左脚略靠近台前,上臂靠近身体。手臂自然弯曲做内旋使拍面前倾。

②当来球跳至上升期时,手臂、手腕向左前方迎球,同时腰、髋向左转动。拍面前倾并高于来球,利用腰、髋的转动力量击球中上部,击打中带前摩擦的成分,整个过程手腕保持相对稳定。

(3)注意事项

①站位不要离球台过远,引拍动作也不宜过大,否则会耽误最佳的击球时机。

②手腕必须保持相对稳定,否则易造成拍形不固定,难以控制来球的旋转。

③正手快带只能作为过渡,主要是为进攻争取机会。因此,不宜过度使用快带,否则反而易导致被动。

5.正手突击

(1)特点及应用

正手突击,也叫低球起板,它具有速度快、突然性强、具有一定力量的特点。正手突击是对付下旋球的一种主攻技术。

(2)动作要领

①根据来球高低和下旋的强弱,决定拍形和发力方向。当来球下旋强,拍形稍后仰,触球中下部,并向上用力摩擦球;当来球下旋弱,拍形垂直,触球中部,向前上方用力击球;当来球不转,拍形可稍前倾,触球中部略偏上,向前方用力击球。

②当球跳至高点期或上升后期时。在腿、腰和大臂发力的带动下,前臂发力击打来球。触球瞬间一定要有爆发力且还要有摩擦球的动作,帮助制造弧线。

③发力一般控制在50%~70%。可根据来球的下旋力量适当调整击球力量。

(3)易犯错误与纠正方法

易犯错误一:手腕硬、动作直,触球瞬间没有摩擦球的动作,使击球弧线过直,易吃转。

纠正方法：认识摩擦球的重要性后，做徒手动作练习，通过练习了解自己的偏差之处。边练球、边纠正错误动作。

易犯错误二：发力过大、死劲重扣，导致失误频出。

纠正方法：突击的技术只能用中等力量，切不可用力过大，在练习中掌握迎球力度。

易犯错误三：忽视来球旋转变化和高低不同，都用同一动作击球，导致失误频出。

纠正方法：练习不同旋球和高度的来球时的迎球方式，提高判断能力，提高突击动作的应变能力。

6.正手扣杀

（1）特点及应用

正手扣杀具有动作幅度较大、力量重、球速快的特点。它通常用在运动员通过其他技术取得主动和优势之后，当对方回接出半高球时，是比赛得分的重要手段之一。

（2）动作要领

①左脚稍前，站立位置根据来球长短而定。手臂自然弯曲并做内旋使拍面略向前倾。身体跟随腰、髋的转动，将整个手臂后拉，并将球拍引至身体右后方，便于加速、发力。

②当来球跳至高点期时，借腰、髋的左转及腿部蹬力，带动手臂向前迎球，手臂加速的同时向左前下方发力，拍面前倾击球中上部，除近网球外，击球略带摩擦。当来球不转或带上旋时，球拍位置应略高于来球。

（3）注意事项

①在运用扣杀技术时，注意腰、髋和腿的配合，因为仅靠手臂发力不仅力度有限，而且动作不稳定。

②触球前各部分肌肉必须充分放松，这样击球时的爆发力才有保证。

7.正手中远台攻球

（1）特点及应用

正手中远台攻球是运动员在中远台对攻时常用的一项技术。其特点是攻球的力量重，进攻性较强。由于正手中远台攻球需要运动站在距球约1.5 m的地方，站位较远，步法移动范围较大，因此，比赛中远台攻球可为扣杀寻找机会，也可以直接得分。

（2）动作要领

①左脚稍前，身体离台 1 m 左右。手臂自然弯曲做内旋，使拍面接近垂

直,随着腰、髋向右转动,手臂向后移动,将球拍引至身体右后方。

②当来球跳至下降前期时,上臂带动前臂同时加速向左前上方挥动,腰、髋向左转动配合发力,拍面垂直,击球中并向上摩擦。

③击球后手臂继续向前上方随势挥动,并迅速还原成击球前准备姿势。

(3)注意事项

动作过程中身体重心从右脚移至左脚,发力主要部位以上臂、前臂为主,腰、髋配合。

8.正手杀高球

(1)特点及应用

正手杀高球具有动作大、力量重的特点。它主要用于进攻肩以上高度的来球,通常能够直接得分。

(2)动作要领

①左脚在前,身体稍向后倾。手臂做内旋使拍面前倾,整个手臂随着腰、髋向右转动,将拍引向身体右后方,以增大球拍与来球的距离,最大限度地发挥击球力量。

②右脚蹬地同时转换重心,腰、髋向左转动,整个手臂先由向前上方挥摆,身体重心逐渐上升后开始向左脚转移,随后手臂加速向左前下方挥动,击打球中上部。

(3)注意事项

①杀高球分为2种:第1种,在来球从高点稍下降后出手击球,此时击球较为稳健,能够集中全身之力;第2种,在来球刚跳起时的上升期触球,即快杀,突然改变的击球节奏使对方措手不及,但这种方式容易削弱击球力量。

②当来球很高时,不宜在球跳至最高点时击球,以免影响力量的施展和击球的命中率。

③前臂不要沉得过低,避免压不住来球而导致出界。

## 六、弧圈球技术

弧圈球是一种将力量、速度和旋转结合为一体的进攻性技术,是比赛中的主要得分手段,其发展速度非常快,特别是欧洲选手运用正反手两面拉弧圈球力争主动、快冲突破、低拉高打,进一步提高了弧圈球在比赛中的作用。[①] 弧圈球技术的出现和发展也促进了快攻打法、削球打法等其他打法

---

① 虞荣安.新编乒乓球教程[M].西安:西北工业大学出版社,2011:75.

的变化和发展。

弧圈球技术可分为正手弧圈球和反手弧圈球,根据弧圈球技术的旋转特征又可分为加转弧圈球、前冲弧圈球和侧旋弧圈球。

(一)加转弧圈球

1.特点及应用

加转弧圈球具有飞行弧线较高、球速较慢、上旋力强的特点,是一种攻击力强、威力大的进攻技术,球着台后下落速度较快,击出球弧线较高,是对付下旋球的有效技术。[①] 在相持状态下,来球的弧线弯曲度一般较大,当落到对方台面后会迅速下滑,因而加转弧圈球还可以改变击球节奏。

2.动作要领

(1)正手拉加转弧圈球
①两腿张开与肩同宽,身体略向前倾,重心放在前脚掌。拉球时,身体向右转,重心放在右脚上。用腰控制大臂,右肩稍低,小臂自然下垂,用手腕控制拍形,拍触球时拍面稍前倾。
②向左蹬腿,身体重心从右脚转换到左脚,身体朝来球方向前迎。
③在来球下降初期,用腰带动大臂转动,将力传递到前臂,收缩前臂击球的中部或中上部。
④击球后,重心移至左脚,并迅速还原开始姿势,为下一次接球做准备。
(2)反手拉加转弧圈球
①右脚稍前,两脚分开比肩宽,两膝微屈。右肩下沉,将拍引至腹前下方,肘关节稍向前顶出,手腕内旋,拍面略前倾。
②当来球跳至高点期或下降初期时,用力摩擦球的中上部,腰髋带动上臂、前臂由后向前挥动,击球瞬间向前上方发力。同时,右脚掌内侧用力蹬地,引拍时前臂要迅速旋内收缩,重心由右脚转向左脚。击球后,迅速还原最初姿态,为下一次击球做准备。

(二)前冲弧圈球

1.特点及应用

前冲弧圈球特点是出手快、上旋强烈、弧线低、球速快、冲击力大,能够

---

① 虞荣安.新编乒乓球教程[M].西安:西北工业大学出版社,2011:75.

起到扣杀作用。它是一种将力量和旋转巧妙结合的进攻性技术,主要运用于对付搓、削、中等力量攻球、接发球及半高球时。

2.动作要领

(1)正手拉前冲弧圈球

左脚稍前,身体重心提高。向右后方引拍时腰向右转动,重心移至右脚。在来球到达上升后期或高点期摩擦球的中上部。由右向左转腰带动上臂、前臂、手腕,由后向左前上方发力击打来球,拍面前倾角度比拉加转大些,发力时中指可在拍后顶一下,加强对球拍的支撑力。

(2)反手拉前冲弧圈球

两脚平行或右脚略前,两膝微屈,重心在两脚间。上身稍向左转动,右肩下沉,将拍引至大腿内侧,肘关节稍顶出,手腕内旋。击球时拍面稍前倾,以肘关节为轴前臂快速向前上方发力。在来球的高点期摩擦球的中上部,同时两腿向上蹬伸,身体略向前上方顶帮助发力。发力方向稍偏左前方。

3.易犯错误与纠正方法

易犯错误一:在引拍过程中,肘关节的夹角没有打开,单靠拉肘向后引拍,影响拉球发力。

纠正方法:在引拍过程中,将肘关节处的夹角打开。在训练中有意识地把前臂放下来,自然弯曲,配合脚部的转动和重心移动进行引拍。

易犯错误二:击球前,腰部向后转动过大,导致错过击球时机。

纠正方法:在练习时,腰部向后转动不要过大,只需转至击球距离 1 m 即可。

易犯错误三:击球时,球拍过于前倾,摩擦球过薄,导致拉球的力量减小,准确性降低,容易打在拍边或漏接。

纠正方法:在练习时,注意手腕向内向前的转动,加入一定摩擦,才可拉出高质量的弧圈球。

易犯错误四:肩部过于紧张,动作僵硬。

纠正方法:做完拉球动作后,肩部迅速放松,能够提高拉后扣杀的命中率。

(三)侧旋弧圈球

1.特点及应用

侧旋弧圈球的飞行弧线一般比前冲弧圈球略高,但比加转弧圈球低,带有强烈的侧上旋,向对方的右侧偏拐,落台后急速向侧下滑落。当自己的击球位置不适于发力拉、冲时,它可以加大拉球的角度,增加对方的跑动范围和回球难度,变被动为主动。

2.动作要领

右脚向前,腰向右转动,重心在右脚上,将球拍引至身体的右侧后方,拍头略微下垂。击球时右脚蹬地,腰向左转,上臂带动前臂快速挥动,挥拍路线是由后下先向侧外再向内上兜球,使球拍划一个横向的半弧形。触球部位多有右侧中部位置向左侧上部摩擦球,引拍位置略低于拉前冲弧圈,手腕要放松,击球后上身要随势向内扭转以加大侧旋力量。

3.易犯错误与纠正方法

易犯错误一:挥拍路线不对,只是单纯向侧拉,无兜球动作,摩擦球时间短,无法用力击球。

纠正方法:多向身体后方引拍,保证挥拍向侧方的可能性。

易犯错误二:手腕不够放松,击球时难以发挥手腕的加速作用。

纠正方法:拉球的右侧时,球拍必须向内扣,否则无法拉出侧旋弧圈球。

易犯错误三:击球点离身体过远,无法出力,无法拉出侧旋。

纠正方法:加大向身体后方引拍的幅度,当有了足够的挥拍距离后,将击球点向身体近侧调整。

## 七、搓球技术

搓球是近台还击下旋球的一种基本技术,一般用在左半台。它的技术特点是动作幅度不大、出手较快、弧线较低,旋转与落点变化比较丰富。它可与攻球结合形成搓攻技术,是初学者必须掌握的基本技术。根据球的时间、落点、旋转的不同,搓球可分为快搓、慢搓、搓转与不转等。

### (一)快搓

1.特点及应用

快搓的特点主要有击球动作幅度小、球速快、落点活、弧线低。它常以对方来球的冲击力进行回击,常用于接发球或削过来的近网下旋球,缩短对方击球的时间,牵制对方的攻势,为抢攻创造机会。

2.动作要领

正手快搓:站位近台,身体重心前移,拍面稍后仰,前臂前伸迎球。当来球跳至上升期时击球中下部,借对方来球的冲力,用力向前下方挥动。

反手快搓:站位近台,身体重心前移,手臂自然弯曲,手腕适当放松,球拍向后引至腹前。击球时,拍面后仰,在来球上升时击球中下部,借对方来球的冲力,向前下方用力。

3.易犯错误与纠正方法

易犯错误一:球拍无上引动作,击球时前臂由上向下动作不明显。
纠正方法:反复练习前臂和手腕上引后向下切的挥拍动作。
易犯错误二:击球时,拍面后仰不够。
纠正方法:用慢搓回接对方发来的下旋球,练习拍面后仰动作。
易犯错误三:击球时,球拍与球接触的部位不准,没有击到球的中下部。
纠正方法:进行对搓练习,体会拍面在下降期击球中下部的动作。

(二)慢搓

1.特点及应用

慢搓的特点是速度慢、动作小、弧线低、落点活、旋转变化多。由于回球慢,所以有利于增大搓球的旋转。

2.动作要领

(1)正手慢搓
站位靠近球台,右脚稍前,手臂自然弯曲,手腕外旋,拍面朝右上方。当来球到达高点期或下降前期时用球拍的下半部摩擦球的中下部,在前臂加速向前下方用力时手腕内旋配合用力。

(2)反手慢搓
站位与正手慢搓相同,前臂和手腕内旋将球拍引至腹前上方,拍面后仰,在来球下降前期用球拍的下半部摩擦球的中下部,在前臂加速向前下方用力的同时手腕外展配合用力。

3.易犯错误

易犯的错误主要有:第一,拍形错误。拍形后仰过度,摩擦太薄,容易导致球在拍上打滑。拍形垂直,容易导致搓球下网。第二,搓球时机错误,不是在球的下降前期搓球。第三,搓球部位错误,不是搓球的后中下部。第四,球拍后仰,直接把球往上托起来。第五,不引拍搓球,搓球时不向后上引拍,没有用力距离。第六,直线搓球。搓球时直上直下,导致球下网。第七,搓侧旋。搓球时向右侧挥臂用力或向右侧上翻腕。第八,不判断来球旋转强度搓球。由于强度、拍形不同,用力方向也会不一样,盲目搓球容易导致击球失误。第九,手腕固定太死,不能发挥手腕最后加速用力的作用。第十,重心不动或重心太高。重心不动导致上、下动作脱节,不能发挥下肢和身体的力量;重心太高,搓球不到位,易引起失误。第十一,脚不移动搓球会降低搓球的准确性。

4.纠正方法

(1)讲解、示范法

①强调动作要领。第一,准备与引拍:右脚稍前,重心稍后;引拍至左肩处,拍面后仰,直拍时手腕内屈,横拍时手腕外展。第二,挥臂击球:由左上向右前下弧形挥臂,当球到达下降前期,小臂、手腕用力击球的后中下部,同时重心随之向前。第三,结束还原:击球后顺势向右侧前挥臂,之后还原成准备姿势。

②多次练习加强动作熟练度。

(2)表象法

①对镜挥拍练习。

②观看图片、视频,并做观看笔记。

(3)限制法

①标记限制:在墙上画一条搓球弧线,练习者右侧靠墙半步远站立,顺线挥拍,纠正向右侧拉的附加动作。

②物体限制:把乒乓球台右边靠墙或接近墙体,让练习靠右边线搓球,纠正向右侧拉的附加动作。

③限制高度:在球网上加一条横线,令其搓球必须从网上与线下之间过。纠正搓球太高和拍形角度不好的错误。

(4)变换法

通过调节球网的高低,纠正拍形错误、击球时机、击球部位、用力方向等问题。通过连续搓球,纠正动作不连贯、不协调等方面的错误。

(三)搓转与不转

1.特点及应用

在对搓中,将旋转变化与落点变化相结合可以获得更多的进攻机会,能变被动为主动。一旦作用力通过球心则不转,但在现实中很少出现球不转的现象。该技术与其他搓球技术结合使用,是组成搓功战术的主要技术,也是各种类型打法选手争取主动的过渡手段。

2.动作要领

搓加转球与不转球主要取决于作用力线是接近球心还是远离球心。不转球是指在搓球时缩短击球距离,减小拍面后仰角度,用球拍的上半部或中部碰撞球,使击球的作用力线接近球心。

加转球是指在搓球时加大引拍距离和拍面后仰角度,前臂、手腕加速用力向前下方切球,用球拍的下半部摩擦球,此时的摩擦略薄些,使击球时的作用力线远离球心。

3.易犯错误与纠正方法

易犯错误一:引拍不够导致击球的前臂由上向下的动作不明显。

纠正方法:持拍练习前臂和手腕向上再向下做切的动作,使之形成动作习惯。

易犯错误二:击球点离身体过远,重心偏后,击球部位不准。

纠正方法:加强对来球的落点和反弹路线的判断能力,找出合适的触拍部位。

易犯错误三:击球时拍面后仰不够。

纠正方法:在下降期搓对方发来的下旋球,体会拍面后仰前送动作。

## 八、削球技术

削球是一种积极防御的技术。它具有稳定性好、冒险性小的特点。削球的击球动作舒展大方,击球时间较晚,运行弧线较长。削球时对方不易发力进攻,通过旋转和落点的变化,可调动对方,迫使对方失误,同时配合反攻得分。

(一)正手近台削球

1.特点和作用

动作幅度小、击球点高、节奏和球速快、线路和落点变化多,有利于近削逼角,迫使对方左右移动,回击困难,从而伺机反攻。该方式主要在对方拉球力量不大,旋转不强时使用。

2.动作要领

第一,站位离台约 1 m,左脚在前,重心放在右脚,身体稍微右转。

第二,击球前,手臂自然弯曲,前臂略向右上方提起并外旋,引拍至身体右上方,拍面稍后仰,同时右脚向右上一步。

第三,击球时,前臂和手腕向左前下方迅速挥拍迎球,击来球高点期或下降前期。

第四,触球时,触球的中部偏下,击球瞬间大臂带动前臂和手腕协调用力,向左前下方摩擦切削击球。

第五,击球后,手臂顺势挥动并放松,用跳步迅速还原,准备击下板球。

(二)正手远台削球

1.特点和作用

动作较大,击球点较低,球速较慢,飞行弧线低而长,比较稳健。可运用旋转变化控制对方,通常在接弧圈球时使用。

2.动作要领

第一,站位离台约 1 m 以外,左脚稍前,重心放在偏右脚,身体向右稍转。

第二,击球前,上臂外展前臂略提起并外旋,引拍至身体右上方,拍形稍后仰,同时右脚向右上一步。

第三,击球时,前臂带动手腕向左前下方迅速挥拍迎球并外旋,击来球的下降后期。

第四,触球时,触球的中下部,击球瞬间身体和手臂同时协调用力,向左前下方摩擦球。

第五,击球后,手臂顺势挥动并放松,用跳步还原,准备击下板球。

(三)反手近台削球

1.特点和作用

同"(一)正手近台削球"。

2.动作要领

第一,站位离台约 1 m,右脚稍前,身体略向左转。

第二,击球前,前臂略提起并内旋,引拍至左上方约与肩平,拍面稍后仰。

第三,触球时,击球中部或中下部,击球瞬间以前臂和手腕发力为主,向右前下方摩擦切削击球。

第四,击球后,手臂顺势挥动并放松,用跳步迅速还原,准备击下板球。

(四)反手远台削球

1.特点和作用

同"(二)正手远台削球"。

2.动作要领

第一,站位离台约1 m以外,右脚在前,左脚稍后,身体略向左转。

第二,击球前,前臂略提起并内旋引拍至身体左后上方与肩同高,拍形后仰。

第三,击球时,上臂带动前臂向右前下方挥拍迎球,击来球的下降期。

(五)扑接近网短球

1.特点和作用

扑接近网球短球的关键在于警惕性高,判断准确,反应快,步法移动灵活。一般是在对方猛攻之后,或削球的落点接近球网时,对方放短球。例如,能在扑接近网短球时,能够控制好回球落点,或能够进行反攻则更好。通常可由被动变为主动,甚至能直接得分。

2.动作要领

第一,在扑接近网短球时,首先应根据站位离球台的远近调整回接位置。第二,回接近网短球时,常用以短制短的方法,即用搓短球和控制落点来压抑对方发动进攻。第三,在掌握用搓球回接近网短球的基础上,还要掌握用快拨、快点、快拉等打台内球的方法。

(六)削突击球

1.特点和作用

在对方进攻时,突然加力或突然袭击过来的球叫突击球,或叫低球突击,削球者称为"顶重板"。其特点是力量重、速度快、突发性强。对削者有较大的威胁性,它是削球难度很大的技术,也是战胜对方的一项主要技术。大致有发球后突击、搓中突击、拉中突击、放短球后突击等。要接好突击球,必须判断准确,移动迅速,掌握好拍形和用力方向,整个削球动作要小而迅捷。

2.动作要领

第一,站位。根据来球速度快、冲力大的特点,可运用跳步迅速向后退选位。第二,击球前,上体转动和前臂向上提起引拍要快,拍面接近垂直。第三,击球时,手臂向下前快速挥拍迎球。击来球的下降期,触球的中部偏下,向前发力要快而短促。第四,触球时,击球瞬间整个动作应小、快,包括身体的转动和腰、膝的辅助用力。第五,击球后,手臂顺势挥动并放松,用跳步迅速还原,准备击下板球。

(七)削中路追身球

1.特点和作用

这种球回接难度较大,因来球逼近身体,受到身体的妨碍而影响击球动作。因此,削球容易削出偏高球,造成对方攻击,或削球直接失误。要削好追身球,必须根据来球速度快慢、力量大小、落点,运用不同的迅速移动让位。

2.动作要领

(1)移步让位法

第一,单步让位反手削:来球在中路偏左的位置,或本人善于用反手削中路球者,采用此法。左脚向右后方撤半步或一步,腰带动身体略向左转,收腹。上臂靠近身体右侧,前臂上提引拍至胸高,拍形垂直。触球瞬间,前臂内旋,肘稍支出,前臂随身体重心向右下前方下切削出,压低弧线。

第二,单步让位正手削:来球在中路偏右的位置,或习惯用正手削中路球者,采用此法。

第三,换步让位反手削:右脚先向右移半步,左脚再随之向右后方移半步或一步。腰带动身体略向左扭转,可腾出位置用反手削球。

第四,换步让位正手削:许多削攻打法选手采用此法。因为正手削球调节出的空间比反手大。

(2)收腹含胸法

如来球速度极快、力量大,直冲中路、来不及移步让位时,采用此法。应迅速收腹、含胸、提踵,甚至双脚跳起,同时提拍上举,再向前下方用力切削。整个击球动作比较快,回球速度也较快。

(八)削加转弧圈球

1.特点和作用

因加转弧圈球上旋力强,第二弧线较低、下滑快,削球难度易吃旋转反弹出界或削出高球。因此,击球时间要晚(应在下降后期),手臂向上提,拍形竖起,动作幅度较大,利用来球上旋反弹力和手臂向下压球力,压低弧线。

2.动作要领

第一,应根据来球落点的远近和前冲力大小,迅速移动选择合适的击球位置,一般离台约 1 m。第二,击球前,手臂上提向后上方引拍幅度要稍大些,拍形垂直,保持球拍与击球点之间有足够的加速距离,以利于发力击球。第三,击球时,协同身体重心的移动力量,上臂带动前臂向下用力大于向前用力。

(九)削前冲弧圈球

1.特点和作用

因来球速度快、力量大、旋转强、弧线下沉快而造成削接球难度大。要削好前冲弧圈球,除了要有快速的反应和判断外,还必须有灵活的步法和较好的控球能力。如能控制好回球弧线,并配合落点变化,不仅可以有效地压制对方的进攻,而且还会迅速变被动为主动。

2.动作要领

第一,站位离台约 1 m 以外,根据来球速度快、前冲力大的具体情况,首先要迅速向后移动步法,一般是运用单步或跳步进行移位。第二,击球前,身体保持稳定,前臂迅速向上提起引拍(不要向后上引拍),拍形竖起略后仰。第三,击球时,前臂发力要快、短促,并增加向前力量,手腕固定,由上往下前用力压球,抵消来球向上反弹力和控制回球弧线高度。重心转移要快。第四,触球时,触球的中下部,击球瞬间身体转动,腰髋、腿膝辅助向下用力。以前臂为主向前下用力,并借冲力和反弹力切削。第五,击球后,手臂顺势挥动并放松,用跳步迅速还原成准备击下板球。

## 九、直拍横打技术

直拍横打是 20 世纪 90 年代我国对乒乓球运动的在击球工具上,改变原有直拍单面覆盖正胶或反胶、单面击球的状况,而是在另一面粘上反胶,使球拍正、反面都可以击球。在反手位用球拍反面回击各种来球,因此,也称为"直拍横打"。

直拍横打技术现在已经逐步走向完善,其中代表人物主要有刘国梁、马琳、王皓。该项技术是直拍的创新技术,常使欧洲高手猝不及防,显示了直拍横打技术创新的威力。

### (一)直拍反面快拨

1.特点及应用

直拍反向快拨具有适应范围广、速度快、力量强、回球角度刁等特点,能够照顾更宽的来球范围。把击球力量与手腕的抖动相结合后,回球力量会比推挡大,能击出更大的角度。直拍反面快拨技术常用于相持技术,它与推挡相结合可以起到变化击球节奏的目的,是反手位进攻得分的辅助手段。

2.动作要领

站位近台,两脚张立比肩宽,左脚稍前,持拍手臂自然弯曲,将引拍至腹前偏左位置,肘部略向前顶,手腕内收。当来球跳至上升期时,向右前方或右前上方挥拍击球的中上部,击球时拍形稍向前倾,利用拇指和中指发力。在击球后,手臂随势前送,迅速还原成准备姿势,为下一次击球做准备。

3.易犯错误

第一,拍形错误。主要是手腕没有内屈内旋,球拍的方向偏右,导致反打容易跳出右边线;或者前倾角度过大,球容易下网。

第二,手腕、小臂僵硬会影响运动员对球的控制、调节及最后的发力。

第三,选位移动不及时。直拍反打的击球位置相较正手要小,当到位不及时,会影响了击球的正常发挥。

第四,抬肘送肘的动作会影响动作的发力,无法对对方造成出其不意的效果。

第五,引拍位置错误。引拍偏左会影响击球后的方向。

第六,挥臂没有弧线。处理与网齐高或低于球网的球时,一定要有弧线,否则球不易过网。

4.纠正方法

(1)讲解、示范法

①站位、引拍:平行或右脚在前站位,手腕内屈、内旋,拇指压拍,拍引向身体左侧后。

②挥臂、击球:在球的上升中期,内收肘关节、外摆小臂、伸腕、转腕向右侧前上挥臂发力,击球的后中上部,拍形略前倾,重心由后到前。

③缓冲、还原:击球后随势向右侧前挥摆,随即还原球拍和重心。

(2)变换法

①直线反打练习可以纠正手腕不屈的错误。

②反手小范围移动反打练习可以纠正不移动打球的错误。

③直、斜线交替反打练习可以纠正手腕不能屈伸的错误。

④多球强化练习可以纠正击球时机、部位、身体不能协调用力的错误。

⑤增加网高练习可以纠正手腕不能上下摆动和挥臂没有弧线的错误。

(二)直拍反面弹打

1.特点及应用

直拍反面弹打技术的特点主要是动作小、速度快、突然性强,常与反手推挡相结合使用。它是直拍运动员在相持中转为主动进攻的重要手段。

2.动作要领

站位近台,两脚张开略微比肩宽,左脚稍前。上臂抬起,提高身体重心。肘关节稍前倾,前臂外旋,手腕稍内屈,拇指用力使拍形前倾。在来球跳至上升期或高点期时击球的中上部,击球要用力,以撞击为主,向前下方用力弹压。击球后,手臂随势前送的动作不宜过大。

## 第二节 乒乓球运动基本战术研究

战术是以技术为基础的,掌握了全面实用的技术,才有可能运用多变的战术。同样,在比赛中,只有合理地运用战术,才能使技术得以充分发挥,技术高才能更好地完成战术要求。技术与战术既有区别又有联系,二者相互制约、相互依存。技术、战术也是不断地向前发展的,一般来说,技术向前发展往往走在战术的前面。改进和提高了原有技术,出现了新技术,才可能会产生新战术。

## 一、发球抢攻战术

发球抢攻,是我国乒乓球运动员各种类型打法技战术中的重要战术之一,亦是前三板技术中最具威胁的技术。

### (一)发球抢攻与发球抢控制

发球抢攻的目的是抢攻得分和努力控制比赛的主动权。由于不是每次发球都能获得抢攻的绝好机会。因此,发球抢攻不能与发球抢控制脱节。如果对手有较强的防御和相持能力,想通过发球后的一两板抢攻解决问题是不容易的。因此,在训练中应该努力提高抢攻的威力。

在发球抢攻训练中,不仅应该要求努力提高抢攻的速度、力量和旋转等有效的技术质量,而且还应该努力提高发球的不同旋转、速度、落点与抢攻的不同落点、弧线及节奏变化的有效战术配合运用,使发球抢攻的主动权始终牢牢把握在自己手中。

### (二)发球抢攻限制对手的接球方法和接球范围

第一,高质量的发球:发球质量的高低直接影响对方接球。对手由于受技术水平和身体能力的限制,在回接高质量的发球时,往往会因心里慌乱而感到力不从心,经常会出现接球方法单一,范围无变化,回球质量不高,容易出高球等现象。

第二,发球变化配套恰到好处:发球能有效地变化配套对接发球也有限制作用。如果自己的主要发球不仅质量高,而且变化配套又恰到好处,即使面对高水平的对手也能大大限制其接球方法与接球质量,争取到更多的、有效的抢攻机会。

掌握发球配套运用变化,是提高发球抢攻效率的重要手段。要做到这一点就必须坚持适合自己特长进攻技术为主的主要发球,保证发球与抢攻的协调组合。在主要发球技术取得明显效果时,及时变化运用配套发球牵制对手的注意力,然后再回到自己主要的发球抢攻组合上来。应注意避免发球的无序变化,如一球一变。这样不利于发挥自己的特长进攻技术,也不利于吸引对手的注意力,为后面的配套变化创造条件。还应该注意避免发球配套变化太晚,当发球已经被对手适应才想起配套的变化,这将不利于掌握抢攻的主动权,并会加大自己抢攻的难度。

第三,制造假象,误导对手接球:如自己擅长发不转球抢攻,但是一上来比赛却连续发2个转球,给对方留下深刻印象后,立即转变发不转球抢攻。若自己擅长抢攻右半台正手位的台内短球,但在发球时故意选择站在球台左侧外边,做出要侧身抢攻的姿势,来引导对手有意识地回接到自己的右半台。也可以故意向对手有接球习惯的位置发球,以便有准备地抢攻。

(三) 发球抢攻战术配套运用

1.正手发转与不转球后抢攻

一般是以发至对方中路或右方短球为主,配合左方长球。开始先发短的下旋球,以控制对方不能抢攻或抢拉,然后再发不转球抢攻。不转球,一般也先发短的或发至对方攻势较弱的一面。如果对方吃,还可适当发些长的到其正手。若能发到似出台又未出台的落点,则效果更好。

2.反手发右侧上、下旋后抢攻

此战术尤其适合擅长反手进攻的选手。一般多发至对方中右近网或半出台落点,然后用正、反手抢攻对方反手。亦可发长球到对方两大角。一般发至对方正手时,对方常会轻拉直线,可用反手抢攻斜线。若发至对方反手位时,还可伺机侧身抢攻。

3.侧身用正手发高、低抛左侧上、下旋球后抢攻

侧身用正手发高、低抛左侧上、下旋球的落点为:发至对方中左短、左大角、中左长、中右(向侧拐弯飞行正好至对方怀中)和右短,配合一个直线奔球。左手执拍的选手,采用此套发球抢攻的战术,威胁更大。一般多用侧身发高抛至对方右近网,对方轻拉至反手,可用推挡狠压(也可用侧身攻)一板直线,可直接得分,或为下板球的连续进攻制造机会。若对方撇一板正手位球,可用正手攻一斜线至对方反手。

4.反手发急上、下旋球后抢攻抢推

此战术在运用时,可分为2种情况。

第一,反手发急上旋球至对方反手后,侧身抢攻。要求急球必须发得

快、力量大、线路长,最好能有一个直线急球配合。

第二,擅长反手推挡的选手,或遇到对方反推攻较差的选手,可发急下旋后,用推挡紧压对方反手,再伺机侧身攻的战术。为了增加上述战术的效果,可与发右方小球配合运用,以长短互相牵制对方,相得益彰。

5.反手发高抛右侧上、下旋球后抢攻

一般在运用时,以发到对方正手位或中右近网为主,配合发两大角长球,伺机抢攻。前世界女子单打冠军曹燕华擅长用此战术。

## 二、对攻战术

对攻是进攻型选手相遇时,从发球、接发球转入相互对抗,形成攻对攻的局面。具体的对攻战术有以下几种。

(一)压对方反手,伺机正手攻或侧身攻

第一,一般用于对付反手较弱或进攻能力不强的对手。如在第35届世乒赛中,匈牙利的选手就用正、反手弧圈球压住中国选手的反手,乘中国选手挤出较高的球后即发力猛冲。

第二,压对方反手时,可用推挡,反手攻或弧圈球。

第三,压对方反手准备侧身前,应主动制造机会,或突然加力一板,或攻压一板中路,或攻压一板大角度,尽量避免盲目侧身。

(二)压左调右

1.适用范围

①自己反手不如对方反手时,主动变线避实就虚。

②对方侧身攻的意识很强,用变其正手的方法,既可偷袭空当,又可牵制对方的侧身攻。

③对付正手位攻击力不够强的选手。

④自己正手好,主动变对方正手后伺机正手攻。

⑤自己反手攻击力很强,可在变对方正手位时直接得分或取得主动。

⑥左手执拍的选手用此战术较多。因变线的角度大,右手执拍的选手往往被动。

### 2.注意问题

①变线的这板球应有质量。例如,推挡变线应凶一点,这样对方跑过去难于发力,自己侧身抢攻就比较容易。

②避免习惯性变线,被对方适应,反遭被动。

③应是主动变线,切忌被动变线,否则易给对方提供抢攻的机会。

### (三)压左等右

多在对方采用压左调右的战术时使用。运用此战术时,压对方反手要凶些,否则对方变线较狠,自己往往被动。

### (四)调右压左

#### 1.运用方法

先打对方正手,将其调到正手位并被迫离台后,再打其反手位。注意调整正手位的这板球要凶,否则易遭对方攻击。

#### 2.适用范围

对方左半台进攻能力比较强,压对方反手位不占便宜时。对付正手位进攻能力不很强,或反手位只能近台,不擅离台的直拍快攻选手。

### (五)用加减力量压对方反手,中路后迅速抢攻

用于对付站位中台的两面拉(攻)的选手。运用此战术时,一般应先用加力推(攻)将对方压下去,再用减力挡将其诱上来,然后伺机加力扣杀。如果仅有减力挡没有加力推就容易造成被动。

## 三、拉攻战术

拉攻战术是进攻打法对付削球打法的主要战术。快攻的拉攻战术主要是运用拉球的落点变化创造机会,进行突击和扣杀,迫使对方后退防守,从而达到控制对方、赢得主动的目的。

### (一)攻中防御

在运用拉攻战术时,不可避免地会遇到对方的反攻。此时,必须加强积极

的防御。当对方进行削中反攻时,应尽量采取推挡变线和正手打回头来压住对方的第一板攻球,使他不能连续进攻。若对方两边能攻的可压其中路,对方单面攻的可压其两角。如对付攻、守结合打法则要经常做好对攻的准备。

(二)拉中路杀两角或拉两角杀中路

拉中路杀两角,是从中路找机会,然后杀两角得分。对付站位较近或控制落点较凶的削球手效果尤好。中路球不好削,更难于削出落点很凶的球,所以突击的机会就比较多。拉两角杀中路,是从两角找机会,然后突击中路得分(或是突击中路后,使对方削出更高的机会球,再大力扣杀两大角)。

(三)拉左杀右或拉右杀左

这2种基本战术实际是拉一角杀另一角。一般是拉对方削球或反攻较弱的一角,扣杀另一角。由于拉与杀线路的变化,常使对方不适应而造成被动或失误。

(四)拉直杀斜或拉斜杀直

这2种基本战术各具有特点。拉斜线,比较保险、稳健。杀直线,突然性强、速度快,但技术难度较大。拉直线,仅从线路讲技术难度较大,但拉球本身技术难度小,较稳健。杀斜线,比杀直线容易,命中率也高。在比赛中,具体采用哪种战术,还需依据对方和个人的情况而定。一般说来,拉斜杀直比拉直杀斜战术运用得多。

(五)拉搓、拉吊结合,伺机突击

运用此战术时,一定不要搓(吊)过多,否则自己越搓(吊)越软,对方还会利用此机会反攻。

为防对方的反攻,搓和吊球的弧线一定要低并讲究落点。一旦对方反攻后,应坚决回击好第一板,使其难于连续进攻。

## 四、削中反攻战术

削中反攻战术是用削球变化旋转和落点,迫使对方在走动中回击失误或接出机会球,伺机进行反攻。运用削中反攻战术的基础是削球,首先要求削球具备能与对方拉攻形成相持或主动的局面,能为进攻创造条件。同时,还要求具备走动中的进攻能力,以便不失时机地进行反攻。把削球和攻球有机结合起来。

### (一)削转与不转球,伺机反攻

这是削球反攻常用的基本战术。一般是先削加转球,使进攻型选手难于抢冲,并使拉得手臂发硬后,突然送出不转球伺机上前反攻。在具体运用中,有时还采用削加转球至对方反手,削不转球至对方正手,伺机进行反攻。还有人以连续削球接近端线的不转长球为主,使对方拉球失误或自己伺机反攻。使用不同性能球拍的削球选手,应充分发挥武器的特点,不仅反手擅长倒拍削球,正手亦应掌握此项技能。

### (二)逼两角,伺机反攻

一是先逼左角,再逼右角。二是先逼右角,再逼左角2种方法。对手右方攻势强的,先逼其左角。对手左方攻势强的(如擅长侧身拉攻)先逼其右角使对方不能站定等着打。此战术若能和旋转变化相结合则更好。如先逼对方右角,再突变其左角,配合转与不转的变化,对方在来不及侧身攻时,多以搓球过渡,判断不清容易出高球或下网,削球选手可伺机反攻。

### (三)接对方突击时,逢斜变直,逢直变斜

削球选手在接突击球时,往往是接过去就算,结果常遭对方连续攻击,最终难免失分。为在被动中争得主动,应采用"逢直变斜、逢斜变直"的战术,使对方不能站在一个固定的位置上击球,增加了连续进攻的难度。

### (四)攻、削、挡结合

1.削、挡结合

①主动运用削、挡结合战术。一般是异线变化。如先用削球连逼对方反手大角度,对方侧身拉,再突然上前挡一板至其正手空当,伺机反攻。
②被动运用。在对方搓中突击,发球抢攻或吊小球后打突击时,皆可在台前挡一板。既可缓解来不及后退削球的燃眉之急,又可变化击球节奏,变被动为主动。

2.拱、挡、削结合,伺机反攻

此战术多为长胶球拍的直拍选手采用。在近台,用反手拱斜、直线后,伺机用正、反手抢攻。当对方轻拉时,可轻挡对方两大角(一般多挡至对方反手),对方被迫改搓或轻轻将球托起后,迅速反攻。若对方发力拉时,一般以削球回接,伺机变挡或攻。这种打法在回球的旋转、落点、力量、节奏上皆有变化。所以,往往使对方心里很不踏实。

## 五、搓攻战术

搓攻是削中反攻和攻守结合类打法的主要进攻战术,又是快攻类打法对付攻球和削球打法的辅助战术,主要利用搓球的旋转和落点变化控制对方,为进攻创造机会,以达到攻击对方的目的。使用两面不同性能球拍的选手,利用倒拍搓球创造机会,更可加强主动进攻的重要手段。

由于弧圈球技术的不断发展,对搓球要求也相应提高,不仅要有旋转和落点变化,还要加上速度才能控制对方,使自己能抢先拉起或突击。

### (一)先搓反手大角,再变直线,伺机进攻

主要用来对付反手不擅长进攻的选手。先逼住对方反手大角,视其准备侧身攻或将注意力都放到反手后,变线至其正手,伺机抢攻。

### (二)搓转与不转球后,伺机反攻

一般先以搓加转球为主,然后用相似的动作搓不转球,对方不适应或一时不慎就会将球搓高,为自己进攻创造机会。在运用旋转变化时,最好能与落点相结合,二者相辅相成。

### (三)以快搓(或摆短)短球为主,配合劈两大角长球,伺机进攻

短球,特别是加转短球,对方抢攻的难度比较大,但光是短球对方又容易适应。近年来欧洲选手攻台内短球的技术,有很大提高,所以,应注意用两大角长球配合。

对付进攻型选手时,应特别讲究搓球的速度和落实,并应尽量少搓,树立搓一板即攻的指导思想。

### (四)搓中转快攻

第一,对搓中先拉一板弧圈或小上旋,迫使对方打快攻。

第二,搓中突击:直拍正胶快攻选手,在遇到旋转不特别强烈或位置比较合适的搓球时,应大胆运用搓中突击或快点的技术,由此而转入连续进攻。

第三,搓中变推:遇对方搓过来的不转球(包括长胶,防弧圈球拍搓过来的球)直拍进攻型选手可用推挡对之,由搓变推,转为快攻。

# 第四章 乒乓球运动竞赛组织编排探究

> 竞赛工作的一个重要构成要素就是竞赛的组织编排。"根据竞赛规则和章程的规定与要求,科学合理地安排整个竞赛,保证各项比赛有计划、有次序地顺利进行"是竞赛组织编排工作的任务。[①]
>
> 乒乓球裁判工作的两个根本任务分别是竞赛的组织编排、临场裁判。乒乓球裁判一方面应当熟知规则要求,可以担任临场裁判工作;另一方面应该掌握竞赛组织编排的基本知识与方法,从而适应开展乒乓球竞赛活动的需要。

## 第一节 竞赛组织编排工作的内容和程序

乒乓球竞赛的组织编排工作通常分为3个阶段,即赛前、赛期与赛后。赛前工作主要包括制定竞赛规程、接受报名、安排赛前练习、组织抽签、编排竞赛秩序、印发竞赛秩序册等。赛期工作主要为记录并公布比赛结果、编印节目单与成绩公报、编印成绩册、竞赛资料归档等。赛后工作主要是编印成绩册、竞赛资料归档等。

### 一、制定竞赛规程

竞赛规程通常由竞赛主办单位以竞赛的目的、性质、规模、时间及场地为依据进行制定。在比赛前,应尽快把竞赛规程发给参加比赛的单位,以便其做好充足的赛前准备。

以下是竞赛规程的主要内容:竞赛名称、竞赛项目、竞赛办法、竞赛规则、目的、日期、地点、报名资格、报名截止时间、报名人数、报到日期、录取名

---

① 王蒲.乒乓球教程[M].北京:中央广播电视大学出版社,2015:211.

次及其他特殊规定等。

## 二、接受报名

报名是抽签编排工作的前提,各参赛单位应准时递交报名表。竞赛主办方接到报名表后,应逐项审核是否符合相关规定与填表要求,若有问题,应立即联系相关单位进行处理。

报名表审核完毕后应立即汇总,必须仔细核对报名汇总表,保证其准确无误。当汇齐报名表后,应快速整理和确定参加各项比赛的队数、各队的领队和教练员名单及运动员的编号和姓名,为抽签、编排比赛秩序及编制秩序册做好准备。

## 三、安排赛前练习

因为运动员需要一段时间来适应比赛场地的环境。因此,主办方需在规定的报到日期至比赛开始前为各队安排练习场地。

"力求各队机会均等,尽量满足运动队提出的合理要求"是安排赛前练习场地应遵循的原则。主办方应尽早把赛前练习场地安排表发给各参赛队,这样既有助于运动员快速进入状态,又能够保证整个赛前练习的有序进行。

## 四、组织抽签

由于参加乒乓球竞赛的人数比较多,通常选用"分阶段单循环赛"与"单淘汰赛"的竞赛办法。尽管此办法可以在较短时间内完成整个竞赛,但运动员在竞赛过程中只能与较少的其他运动员相遇,故而运动员在竞赛中所处的号码位置会对比赛成绩产生重大的影响。运动员在竞赛中所处的号码位置,不能人为指定,而是通过抽签的办法来决定。

就理论和实施而言,乒乓球竞赛的抽签相当复杂与困难。因此,在组织抽签时,需认真研究抽签方案,做好抽签的各项准备,保证抽签工作科学、合理、有效地进行。

## 五、编排竞赛秩序

确定参加竞赛的队数与人数后,应及时进行竞赛秩序的编排工作,将全部比赛的日期、时间及台号排出来。

编排竞赛秩序是赛前的一项重要工作,并非纯粹地安排比赛日期、时间和台号。编排方案涉及方方面面,如办事机构、运动员(队)、裁判组、观众等,直接影响比赛、场馆、交通、食宿等各项工作。各方面人员、各方面工作是检验编排工作的标尺,因此,编排工作必须统筹兼顾、锦上添花。

### 六、印发竞赛秩序册

竞赛秩序册是各相关部门开展工作、各运动队参加竞赛的重要文件与主要依据。编排完竞赛秩序后,应及时印发竞赛秩序册。

以下是竞赛秩序册的主要内容:组织委员会名单、竞赛规程、竞赛日程、团体竞赛秩序表、单项竞赛秩序表、裁判员名单、领队、教练员名单、运动员姓名号码对照表、场地平面图等。

### 七、记录并公布比赛结果

竞赛应设置记录组,记录组一般与编排组归并开展工作。审查核定记分表、快速准确地记录比赛结果及公布比赛成绩是记录组的任务。记分表是显示比赛结果的原始凭据,务必稳妥处理;在竞赛过程中,快速准确地公布比赛结果,有利于竞赛活动的顺利进行。

### 八、编印节目单与成绩公报

竞赛秩序册详细地记录了每个项目每场比赛的日期、时间及台号,但因为秩序册发放的范围有限,且各个部门对竞赛秩序的使用要求不同,所以无法完全满足各个方面的需要。故而,在规模较大的竞赛中需要编印一定数量的节目单。

编制与核对节目单一定要以竞赛秩序册为依据。秩序册通常依照项目、阶段、组别、位置号码顺序来排列;节目单以节为单位,排出该节比赛时间中各个球台的各场比赛。

比赛结果既可以用成绩公布大表公布,也可以按照竞赛需要编印成绩公报,成绩公报通常一天一期。

### 九、编印成绩册

成绩册包括所有比赛的结果,不但是比赛成绩的重要依据,还是下次举办赛事的重要参考。值得注意的是,成绩册必须与原始记分表上的比赛结果相同。编印成绩册应与比赛同步,比赛结束时,成绩册也应编辑完毕,力求在离会前将成绩册发给各队。

### 十、竞赛资料归档

竞赛档案是竞赛活动的重要依据,也是下次竞赛的重要参考。竞赛结束后,应对各种文件、方案、通知、表格等竞赛资料进行整理与归档。

## 第二节 竞赛方法

单循环赛和单淘汰赛是乒乓球竞赛普遍采用的方法。当然,按照实际情况,也可选用其他竞赛方法。

### 一、单循环赛

所谓单循环赛就是指:"参加竞赛的各队或运动员之间皆相互比赛一次。"单循环赛既是乒乓球竞赛的基本竞赛方法之一,也是其他球类竞赛普遍采用的一种竞赛方法,其通常应用于乒乓球竞赛的团体比赛项目中。单循环赛的竞赛结果偶然性小,竞赛名次基本上能够客观地反映参加比赛的各队或运动员的实际水平。单循环赛有助于运动员之间互相学习与交流。

单循环赛作为一种竞赛方法具有自身的规律与矛盾。只有处理好如下几个问题,单循环赛才能成为一种实用的竞赛方法:第一,科学、合理地安排竞赛次序;第二,准确计算竞赛名次;第三,尽量克服单循环赛应用范围的局限性。

(一)单循环赛的竞赛次序

由单循环赛的定义可知,参加竞赛的各方皆要直接进行一次比赛,这就在比赛对象上保证了参赛各方拥有均等的机会。然而,单循环赛在竞赛次序上仍然存在着机会不均等的现象,这时就应充分发挥竞赛次序的作用。安排竞赛次序时应将种种机会不均等降低到最小限度,既要统筹兼顾又要突出重点,力求整个竞赛达到最好的效果。

以下是确定单循环赛竞赛次序的编排方法(以乒乓球项目为例)。

### 1."1"号固定左上角逆时针轮转法

此竞赛次序的编排方法为:其一,将"1"号定位在左上角,其他各号按大小顺序沿逆时针方向依次捉对并列,排出第 1 轮次序;其二,"1"号固定左上角不动,其他各号每轮按逆时针方向转动一个号位,排出以后各轮的全部次序。

以 8 个参赛方为例,其竞赛次序和编排方法,如表 4-1 所示。

表 4-1 逆时针轮转法($n=8$)

| 第 1 轮 | 第 2 轮 | 第 3 轮 | 第 4 轮 | 第 5 轮 | 第 6 轮 | 第 7 轮 |
| --- | --- | --- | --- | --- | --- | --- |
| 1-8 | 1-7 | 1-6 | 1-5 | 1-4 | 1-3 | 1-2 |
| 2-7 | 8-6 | 7-5 | 6-4 | 5-3 | 4-2 | 3-8 |
| 3-6 | 2-5 | 8-4 | 7-3 | 6-2 | 5-8 | 4-7 |
| 4-5 | 3-4 | 2-3 | 8-2 | 7-8 | 6-7 | 5-6 |

逆时针轮转法编排竞赛次序的优点如下:其一,参赛各方的比赛进度相一致;其二,各轮比赛的强弱搭配均匀;其三,将最可能成为冠亚军决赛的最重要的一场比赛安排到最后一场,使比赛在最后阶段达到高潮;其四,"1"号的实力最强,为其安排由弱至强的比赛对手,反映了对理论上可能获得冠军的队或运动员的照顾。因为逆时针轮转法表现了竞赛的一些重要特征,所以在体育竞赛中得到了普遍的应用,被称为"传统的逆时针轮转法"。

### 2.固定"最大"号逆时针轮转法

固定"最大"号逆时针轮转法简称"单循环赛竞赛次序改革方案"。其可以弥补传统的逆时针轮转法所存在的不足与缺陷。

单循环赛竞赛次序改革方案的竞赛次序和编排方法,如表 4-2 所示。

表 4-2 单循环赛竞赛次序改革方案

| 第 1 轮 | 第 2 轮 | 第 3 轮 | 第 4 轮 | 第 5 轮 | 第 6 轮 | 第 7 轮 |
| --- | --- | --- | --- | --- | --- | --- |
| 1-7 | 7-6 | 6-5 | 5-4 | 4-3 | 3-2 | 2-1 |
| 2-6 | 1-5 | 7-4 | 6-3 | 5-2 | 4-1 | 3-7 |
| 3-5 | 2-4 | 1-3 | 7-2 | 6-1 | 5-7 | 4-6 |
| 4-8 | 8-3 | 2-8 | 8-1 | 7-8 | 8-6 | 5-8 |

以下是单循环赛竞赛次序改革方案的编排方法。

一是编排第 1 轮次序时,先将最大号定位右下角,其他各号从左上角开始沿逆时针方向顺序捉对排列。

二是最大号固定右下角不动,其他各号按逆时针方向每次转动一个号位,逐轮列出所有竞赛次序。

三是将所有双数轮次中的最大号,从右下角对换到左下角。

四是当参赛方为奇数时,用"0"号顶代最大号。

3.顺时针轮转法

此竞赛次序的编排方法为:第一,排出最后一轮的各场竞赛次序;第二,把"1"号固定在左上角,其他各号每轮按顺时针方向转动一个号位,逐轮倒推出前面场次的竞赛次序。

以8个参赛方为例,其竞赛次序和编排方法,如表4-3所示。

表4-3 顺时针轮转法($n=8$)

| 第1轮 | 第2轮 | 第3轮 | 第4轮 | 第5轮 | 第6轮 | 第7轮 |
| --- | --- | --- | --- | --- | --- | --- |
| 1-4 | 1-6 | 1-8 | 1-7 | 1-6 | 1-5 | 1-4 |
| 2-6 | 4-8 | 6-7 | 8-5 | 7-3 | 5-2 | 3-4 |
| 3-8 | 2-7 | 4-5 | 6-3 | 8-4 | 7-4 | 5-6 |
| 5-7 | 3-5 | 2-3 | 4-2 | 6-4 | 8-6 | 7-8 |

"按照竞赛需要首先确定出最后一轮的竞赛次序"是顺时针轮转法的最大特征。在现实竞赛中,既可将实力相当的最精彩的比赛场次集中安排在最后一轮,使整个竞赛达到高潮;也可将关键性的竞赛场次安排在最后一轮,使竞赛结果更为客观和合理。

4.大轮转、小调动

此竞赛次序的编排方法为:以排出的单循环赛竞赛次序为前提,依据竞赛的某种需要,恰当调整个别场次或轮次。采用"大轮转、小调动"的编排方法时,尤其注意可能导致的其他问题,切勿因小失大。

(二)单循环赛的名次计算

就理论与实施而言,单循环赛的名次计算相当复杂。一个队的名次一方面取决于该队同其他队的比赛结果;另一方面还要受其他队之间比赛结果的影响。

以下是乒乓球竞赛规则对单循环赛的名次计算的要求。

第一,单循环赛的名次应主要按照所获得的场次分数决定。在单循环赛中,胜一场得2分,负一场得1分,因未出场比赛或未完成比赛而负一场得0分。

第二,若2个或更多成员的分数相同,应当根据他们相互之间比赛的成绩来决定其名次:先计算他们之间获得的场次分数,再按照需要计算个人比赛场次(团体赛时)、局和分的胜负比率,直到算出名次为止。

第三,倘若在所有阶段已经决定出一个或更多成员的名次后,而其他成员依旧得分相同,为决定相同分数成员的名次,按照第一和第二条款程序继续计算时,应删除已决定名次的成员的比赛成绩。

第四,若根据以上3个条款所规定的程序,仍无法决定某些队、人的名次时,可以通过抽签来决定。

(三)克服单循环赛应用范围的局限性

以下是有效克服单循环赛应用范围局限性的办法。

1.分组别循环赛

此办法是将参赛单位分割为多个独立、毫不相干的平行组,待各平行组比赛完毕即竞赛结束。

(1)等级赛

以技术水平的高低为依据,把参赛单位分成多个级别,比赛只在同一级别内进行。例如,有60个队参加比赛,将其分成A、B、C 3个级别,每个级别20个队,在同一级别内进行单循环赛。

(2)分区赛

以地区或系统等为依据,把参赛单位分成多个赛区,分区进行单循环赛。例如,有16个队参加比赛,将其分成2个赛区,每个赛区8个队,各自进行单循环赛。

2.分阶段循环赛

此办法是把参加比赛的队、人在2个或者更多的阶段中分成多个小组,各自进行单循环赛。各个阶段的分组数可以相同,也可以不同,但各个组的成员皆不相同。例如,有48个队参加比赛,可将其分成2个阶段:第1阶段分为6个小组,每个小组8个队,分组进行单循环赛;第2阶段,由第1阶段各小组同名次的队,再组成第2阶段的循环赛小组,分组进行单循环赛,最终决定出48个队的全部名次。

3.循环赛结合淘汰赛

此办法是把竞赛分成单循环赛和单淘汰赛2个阶段,在单循环赛阶段将各个循环小组的队数、人数控制在可接受的范围内。

(1) 先循环后淘汰

第1阶段：把参加比赛的队分成多个小组，分组进行单循环赛；第2阶段：各个小组的第1名或其他同名次者进行单淘汰赛，决定出部分或全部名次。例如，有24个队参加比赛，第1阶段：分成4个小组进行单循环赛；第2阶段：各个小组的第1、第2名共8个队进行单淘汰赛，决出第1至第4名。

(2) 先淘汰后循环

先用单淘汰赛的方法，淘汰掉大部分或绝大部分的队，最后剩下少数优秀队进行单循环赛。例如，有32名运动员参加比赛，先进行1轮单淘汰赛，剩下2名运动员；再进行2名运动员的单循环赛。

## 二、单淘汰赛

所谓单淘汰赛就是指："运动员（队）按排定的秩序进行比赛，胜者进入下一轮比赛，负者淘汰；最后一场比赛的胜者为冠军，负者为亚军。"

输赢只一场，因此，单淘汰赛的比赛双方具有极强的对抗性。绝大多数情况下，乒乓球竞赛的各个单项比赛都会采用单淘汰赛的比赛方法。单淘汰赛能够在较短的时间内安排大量的运动员（队）进行比赛，可以使整个比赛达到高潮，最终在冠亚军的争夺中落下帷幕。

单淘汰赛作为一种竞赛方法，在理论上具有很多缺点，如合理性差、不完整性、机遇性强等。故而，在使用单淘汰赛时，务必采取相应的措施去弥补和完善其缺陷与不足。

(一) 采用设"种子"方法，弥补单淘汰赛的不合理性缺陷

单淘汰赛通过极少场次的比赛来完成整个竞赛，运动员"赢一场即胜一片"。例如，有64人参加的单淘汰赛，运动员在第1轮比赛中获胜，就可进入前32名，赢一场就等于战胜了32名对手，这在理论上是无法证明、不合理的。此外，单淘汰赛的竞赛名次有固定的分布规律：冠、亚军必产生于2个不同的1/2区、前4名必产生于4个不同的1/4区、前8名必产生于8个不同的1/8区等；这在理论上也是无法证明、不合理的。这就体现了单淘汰赛的合理性较差。

设"种子"方法可以有效弥补单淘汰赛的不合理性缺陷，防止强手（队）之间过早相遇，以保竞赛结果的基本合理。所谓设"种子"就是"在确定比赛次序时，先将参加比赛的全体运动员（队）中最优秀的一部分运动员（队）定为'种子'，再按其技术水平排成'种子序号'，将他们分别安排进各个不

同的区内,使这部分运动员(队)在比赛的最后阶段才可能相遇"。[①]

### 1.确定种子及种子序号的原则

种子的确定以参赛选手的竞技水平为依据,而参赛选手所取得的比赛成绩最能客观体现参赛选手现有的竞技水平。

比赛成绩的情况十分复杂,很难进行准确的比较。所以,在确定种子选手时应根据竞赛的实际情况,提出相应的原则,采取相应的措施。例如,小赛成绩服从大赛成绩的原则,投票选举的措施。

### 2.种子的设置数目

为了保证种子选手平均分布在各个号区,单淘汰赛的种子数目应是2的乘方数。参加竞赛的选手人数决定种子的设置数目。一般情况下,平均每8名选手设1个种子,通常而言,选用16个号码位置时设2个种子、选用32个号码位置时设4个种子、选用64个号码位置时设8个种子、选用128个号码位置时设16个种子等。种子的设置数目过多、过少均会对竞赛结果的合理性产生影响,因此,要科学、合理地设置种子的数额。

### 3.种子的位置号码

种子选手的位置应满足以下几个要求。

其一,种子选手平均分布在各个不同的号区。例如,设2个种子,2个种子应分布在2个不同的1/2区;设4个种子,4个种子应分布在4个不同的1/4区;等等。

其二,种子选手合理分开,最后相遇。例如,实力最强的前2名种子,只有决赛时才可能相遇;实力最强的前4名种子,只有1/2决赛时才可能相遇;等等。

其三,各相应号区内的种子选手的实力相当。例如,第1、第2号种子分别位于上半区和下半区;第3、第4号种子中的第3号种子应"跟"第2号种子,位于下半区中第2号种子所不在的1/4区;第4号种子应"跟"第1号种子,位于上半区中第1号种子所不在的1/4区。就1/2区而言,每个1/2区内种子序号之和均为5(即1+4=2+3),实力相当;等等。

根据以上要求确定种子位置的方法就是"跟种子"。采用"跟种子"方法来确定种子选手的号码位置,可以有多种方案。种子的位置号码可从种子位置表中查得,如表4-4所示。

---

① 王蒲.乒乓球教程[M].北京:中央广播电视大学出版社,2015:215.

表 4-4　种子位置表

| 1  | 256 | 129 | 128 | 65  | 192 | 193 | 64 |
|----|-----|-----|-----|-----|-----|-----|----|
| 33 | 224 | 161 | 96  | 97  | 160 | 225 | 32 |
| 17 | 240 | 145 | 112 | 81  | 176 | 209 | 48 |
| 49 | 208 | 177 | 80  | 113 | 144 | 241 | 16 |
| 9  | 248 | 137 | 120 | 73  | 184 | 201 | 56 |
| 41 | 216 | 169 | 88  | 105 | 152 | 233 | 24 |
| 25 | 232 | 153 | 104 | 89  | 168 | 217 | 40 |
| 57 | 200 | 185 | 72  | 121 | 136 | 249 | 8  |

查表方法:根据比赛所设种子数目,逐行从左至右选出小于或等于比赛号码位置数的号码,即为种子位置号码。例如,61 人参加比赛,当选用 64 个号码位置,如设 4 名种子,依次选出小于或等于 64 的 4 个号码——1、64、33、32 就是种子位置号码。其中,1 为第 1 号种子位置号码;64 为第 2 号种子位置号码,33、32 分别为第 3、第 4 号种子位置号码。

(二)采用"轮空""附加赛"方法,弥补单淘汰赛的不完整性缺陷

单淘汰赛的竞赛次序,要求参加比赛的人、队数恰好是 2 的乘方数,从而保证比赛"成双成对",胜者进入下一轮比赛,败者淘汰。然而,事实是参加竞赛的人、队数很少正好是 2 的乘方数,这就体现了单淘汰赛在竞赛次序上的不完整性。"轮空"方法则可以有效地弥补这种不完整性。

单淘汰赛的比赛结果,只能决定冠、亚军的名次,不能全部排出其他名次的顺序。而实际竞赛并非只要求排出冠、亚军 2 个名次。这就体现了单淘汰赛在竞赛名次上的不完整性。"附加赛"方法则可以有效地弥补这种不完整性。

1.轮空位置

在单淘汰赛第 1 轮比赛中,运动员的人、队数少于号码位置数时,没有运动员、队的号码位置就是"轮空位置"。

(1)选择号码位置数

采用单淘汰赛的竞赛方法时,首先按照参加比赛的人、队数,选择最接近的、较大的 2 的乘方数作为整个竞赛的号码位置数。$2^4=16$、$2^5=32$、$2^6=64$、$2^7=128$ 是乒乓球竞赛普遍使用的号码位置数。

(2) 计算轮空数目

当参加比赛的人、队数少于号码位置数时,需要在比赛的第 1 轮设置一定数量的轮空位置,使参加比赛的人、队数加上轮空位置数正好等于号码位置数。与轮空位置捉对的运动员,第 1 轮比赛"轮空"。最好在比赛的第 1 轮设置足够数量的轮空位置,这样能够使参加第 2 轮比赛的人、队数恰好是 2 的乘方数,从而避免第 2 轮及以后各轮的比赛再出现轮空。

轮空位置数 = 号码位置数 − 运动员(队)数

(3) 确定轮空位置

"在种子和种子之间,序号在前的种子优先轮空;在种子和非种子之间,种子优先轮空;在非种子和非种子之间,序号在前的种子所在的那个区的非种子优先轮空"是轮空位置的根本原则。[①] 需要注意的是,轮空位置应平均分布于每个区内。

轮空位置的号码可从轮空位置表中查得,如表 4-5 所示。

表 4-5 轮空位置表

| 2  | 255 | 130 | 127 | 66  | 191 | 194 | 63 |
|----|-----|-----|-----|-----|-----|-----|----|
| 34 | 223 | 162 | 95  | 98  | 159 | 226 | 31 |
| 18 | 239 | 146 | 111 | 82  | 175 | 210 | 47 |
| 50 | 207 | 178 | 79  | 114 | 143 | 242 | 15 |
| 10 | 247 | 138 | 119 | 74  | 183 | 202 | 55 |
| 42 | 215 | 170 | 87  | 106 | 151 | 234 | 23 |
| 26 | 231 | 154 | 103 | 90  | 167 | 218 | 39 |
| 58 | 199 | 186 | 71  | 122 | 135 | 250 | 7  |
| 6  | 251 | 134 | 123 | 70  | 187 | 198 | 59 |
| 38 | 219 | 166 | 91  | 102 | 155 | 230 | 27 |
| 22 | 235 | 150 | 107 | 86  | 171 | 214 | 43 |
| 54 | 203 | 182 | 75  | 118 | 139 | 246 | 11 |
| 14 | 243 | 142 | 115 | 78  | 179 | 206 | 51 |
| 46 | 211 | 174 | 83  | 110 | 147 | 238 | 19 |
| 30 | 227 | 158 | 99  | 94  | 163 | 222 | 35 |
| 62 | 195 | 190 | 67  | 126 | 131 | 254 | 3  |

---

① 王蒲.乒乓球教程[M].北京:中央广播电视大学出版社,2015:219.

查表方法:按轮空数目,逐行从左至右选出小于比赛号码位置数的号码,即轮空位置号码。例如,125人参加比赛,当选用128个号码位置,有3个轮空,依次选出小于128的3个号码——2、127、66即轮空位置号码。

2.附加赛

"附加赛"指的是"在单淘汰赛的基础上,给相同等级名次的选手'附加'多场比赛,排出各等级选手的具体名次:由1/2赛的2名负者,决出第3、第4名;由1/4赛的4名负者,决出第5至第8名;由1/8赛的8名负者,决出第9至第16名;……"。①

以单淘汰赛的前8名选手为例,增设附加赛,排出各位选手的具体名次,如图4-1所示。

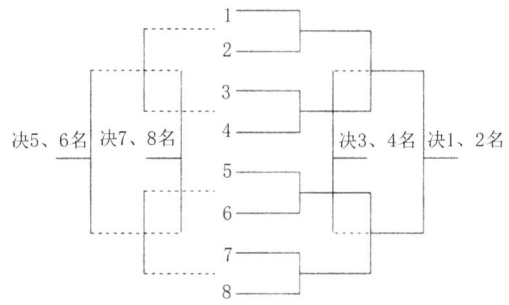

图4-1 单淘汰赛附加赛

"附加赛"方法普遍使用于各种竞赛项目中。增设附加赛,有助于排出竞赛所需的部分或全部具体名次,有效地弥补了单淘汰赛名次的不完整性。

(三)采用"抽签"方法,弥补单淘汰赛的强机遇性缺陷

乒乓球比赛的胜负既取决于运动员技术水平的高低,又受球拍性能、技术特点、打法类型等的影响。一个技术水平很高的运动员,可以战胜大部分的参赛对手,但可能会对某个运动员或某种打法很不适应。假若此运动员恰好遇上他不适应的对手,可能会被淘汰。故而,乒乓球竞赛采用单淘汰赛时,赛前所排定的竞赛次序,会对比赛结果产生重大的影响。同样批次的运动员,采用不同的竞赛次序,会出现不同的竞赛结果,这就体现了单淘汰赛的强机遇性。而"抽签"方法可以有效地弥补这种缺陷,以"机遇"应对机遇性,在无法消除的强机遇性面前,力求每个运动员、队拥有均等的机会,使比赛公正合理。

---

① 王蒲.乒乓球教程[M].北京:中央广播电视大学出版社,2015:220.

乒乓球竞赛规则规定："第1号种子应安排在上半区的顶部，第2号种子应安排在下半区的底部；第3、第4号种子应抽入上半区的底部和下半区的顶部；第5至第8号种子应抽入单数1/4区的底部和双数1/4的顶部；第9至第16号种子，应抽入单数1/8区的底部和双数1/8区的顶部；第17至第32号种子，应抽入单数1/16区的底部和双数1/16区的顶部。"此外，乒乓球竞赛规则规定："来自同一协会的报名选手应尽可能合理分开，使他们在比赛进行较后轮次时相遇，排名第1和第2号的选手应抽入不同的半区，第3和第4号选手应被抽入没有本协会第1、第2号选手所在的另外2个1/4区；排名第5至第8号的选手应尽可能均匀地抽入没有前4号选手的1/8区；排名第9至第16号的选手应尽可能均匀地抽入没有前8号选手的1/16区；以此类推，直到所有报名选手都进入适当位置为止。"对以上的规定总结为：其一，种子运动员要按种子序号合理分开，最后相遇；其二，同一单位的运动员要按技术序号合理分开，最后相遇。这正是单淘汰赛抽签的两个根本要求。

单淘汰赛抽签的两个根本要求反映出：乒乓球竞赛的抽签结果并非完全随机，而是具有相对规定性的。一方面，我们要用"机遇"的方式来应对单淘汰赛的强机遇性；另一方面，还要用"控制"的手段来实现单淘汰赛抽签的两个根本要求，使单淘汰竞赛更为合理。完全随机的、"抓阄"式的抽签方法，无法保证抽签要求的实现；而过度的控制会使抽签失去原本的意义。只有正确地处理"机遇"和"控制"这一对矛盾，才能保证乒乓球竞赛抽签工作的科学、顺利进行。

## 第三节 抽签方法

乒乓球竞赛抽签工作的要求是："在保证实现竞赛规则对抽签结果的两个根本要求的基础上，使每个运动员（队）在抽签过程中获得最大限度的'机遇'，即力求'最大限度的机遇，最小限度的控制'"。[1] 要胜任乒乓球竞赛的抽签工作，势必充分理解抽签的理论，熟练掌握抽签的方法。

### 一、抽签的准备工作

抽签工作能否顺利实施与抽签准备工作的质量有着直接关系。乒乓球

---

[1] 王蒲.乒乓球教程[M].北京：中央广播电视大学出版社，2015：230.

竞赛抽签的准备工作主要包括掌握报名情况,确定竞赛办法,确定号码位置、轮空位置,确定种子数量、名单、序号及位置,研究抽签方案,准备抽签用具,组建抽签班子,组织抽签实习等。

(一)掌握报名情况

抽签工作的实施以各参赛单位的报名情况为根本依据。因此,抽签工作人员必须详细了解报名情况,知晓各个竞赛项目的参加队数、人数。

(二)确定竞赛办法

竞赛规程中对竞赛办法的规定,通常为比较原则。由于实际的报名情况和比赛条件常常与制定规程的主观设想有所偏差,若竞赛办法规定太死,可能会导致竞赛工作的困难与被动。因为规程中对竞赛办法的规定一般为比较原则,所以更需要理解规程的基本精神,按照实际报名和比赛场地等情况,确定具体的竞赛办法。

(三)确定号码位置、轮空位置

就单淘汰赛的竞赛办法而言,需要确定比赛次序表的号码位置数。号码位置数应为2的乘方数。若参加比赛的人、队数少于号码位置数,需要设置必要数量的轮空位置。轮空位置号码,可从轮空位置表中查得。

就先循环后淘汰的竞赛办法而言,第2阶段参加单淘汰赛的人、队数,应尽量是2的乘方数。

(四)确定种子数量、名单、序号及位置

就单淘汰赛的竞赛办法而言,种子数目应为2的乘方数,通常每6~12人、队安排1名种子。以运动员在昔日比赛中的客观成绩为主要依据,来确定种子的名单与序号。最好采用"分批"的方法来考虑种子序号。

就分阶段循环赛或循环赛结合淘汰赛的竞赛办法而言,应以实际报名情况和具体竞赛办法为依据,来确定种子的设置。

(五)研究抽签方案

研究各竞赛项目的抽签方案需以核实报名情况、明确竞赛办法、确定号码位置、解决种子设置等问题为前提。同样的一次抽签,其抽签质量会因抽签所采用的方法、手段和技术的不同而不同。故而,在考虑抽签方案时,应仔细分析矛盾、摸清规律,力求抽签方案的科学与合理。

## (六)准备抽签用具

### 1.抽签用"签卡"

制作签卡可用一面有图案、一面空白的卡片。签卡分为"名签"和"号签"2种,名签和号签应使用不同颜色的卡片。名签主要书写运动员的姓名(种子运动员)、运动员的单位序号(非种子运动员)或参赛单位队名等。号签主要书写位置号、区号或组号等(图4-2)。

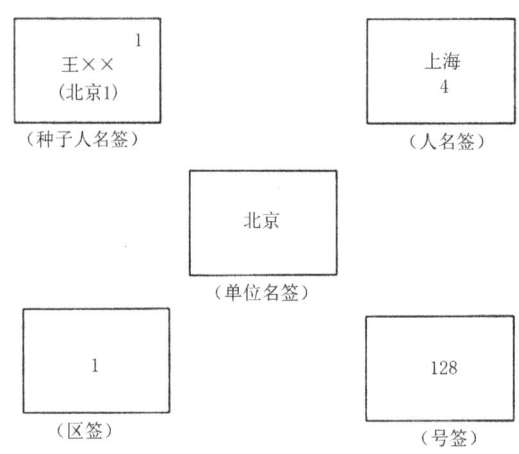

图4-2 抽签用"签卡"

### 2.抽签控制表

以参加比赛的单位数和各单位的运动员人数为依据,绘制出相应的抽签控制表,每个项目的抽签控制表应单独使用。正式抽签前,表内各种符号和各项数字皆应填好,且核对无误。抽签控制表中各队的顺序,应按抽签顺序依次填入。

### 3.抽签说明词

一般情况下,主抽人对各个竞赛项目的抽签应准备一个周详的抽签说明词。竞赛项目的抽签说明词通常有:"参加比赛的队数;运动员人数;竞赛办法;比赛次序表使用的号码位置数;轮空的数量和位置号;种子的名单、序号和位置号;各个号区的固定数和机动数;进行种子抽签和各队非种子抽签时的简要说明词。"[1]抽签说明词的繁简程度,可依据主抽人掌握抽签工

---

[1] 王蒲.乒乓球教程[M].北京:中央广播电视大学出版社,2015:234.

作的水平而定。

4.抽签记录表

记录员应准备好各个竞赛项目的抽签记录表,在抽签过程中,应及时将抽签结果填入记录表中。抽签记录表既是编排竞赛次序的依据,还是核对抽签结果的主要凭据。

5.抽签备用品

由于抽签过程中可能会出现一些变动和差错,故而需要准备一些备用品。抽签备用品有:"空白的签卡、抽签控制表、抽签记录表;乒乓球竞赛规则;该次竞赛的竞赛规程;全部原始报名表与报名汇总表;种子名单及确定种子的依据;纸、笔、擦子、小刀等文具用品。"[1]

(七)组建抽签班子

以下是主要的工作人员及其职责分工。

主抽人:由裁判长或副裁判长担任,掌握各种名签、组织实施抽签是其主要工作。

号签员:掌握各种号签(组签、区签、位置签),配合主抽人进行具体抽签。

控制员:掌握抽签控制表,记录种子定位和非种子分区、定位,提示主抽人对不同运动员所需进行的控制。

记录员:准确记录各竞赛项目的抽签结果。

(八)组织抽签实习

不管赛事规模大小、级别高低,在正式抽签之前皆应进行抽签实习。抽签实习有助于发现该项目抽签的规律和抽签中可能出现的问题,从而保证实际抽签的顺利进行。

## 二、抽签的实施方法

以下通过实例来说明乒乓球竞赛中单项比赛抽签和团体比赛抽签的一般程序和基本方法。

---

[1] 王蒲.乒乓球教程[M].北京:中央广播电视大学出版社,2015:234.

(一)单项比赛

1.抽签准备

①报名情况:12个队,57名运动员。各队的运动员人数,如表4-6所示。

表4-6 各队的运动员人数情况

| 队名 | 报名情况 |
| --- | --- |
| A | 8 |
| B | 7 |
| C | 7 |
| D | 6 |
| E | 6 |
| F | 5 |
| G | 5 |
| H | 4 |
| I | 3 |
| J | 3 |
| K | 2 |
| L | 1 |

②竞赛方法:单淘汰赛。
③号码位置:选用64个号码位置。
④轮空位置:设7个轮空位置,其号码分别为:2、63、34、31、18、47、50。
⑤种子设置:设8个种子,种子名单与顺序为:
第1号种子:$A_1$;
第2号种子:$D_1$;
第3、第4号种子:$C_1$、$A_2$;
第5至第8号种子:$F_1$、$B_1$、$C_2$、$A_3$。
种子位置号码分别为:1、64、33、32、17、48、49、16。
⑥抽签控制表:按照报名情况,采用1/4区抽签控制表。

2.抽签实施

单淘汰赛的抽签包括种子运动员抽签与非种子运动员抽签。先完成种子运动员抽签,再进行非种子运动员抽签。

(1)种子运动员抽签

通过一次抽签"定位"的办法来完成种子运动员的抽签。

①确定第1、第2号种子的号码位置。

第1号种子$A_1$进入1号位置;第2号种子$D_1$进入64号位置(图4-3)。

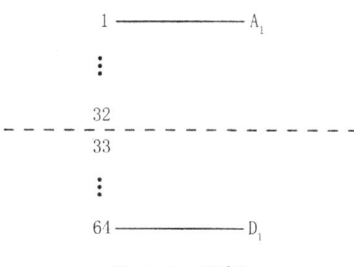

图4-3 示例

②确定第3、第4号种子的号码位置。

第3、第4号种子通过抽签的方法,分别抽入32、33号位置(图4-4)。

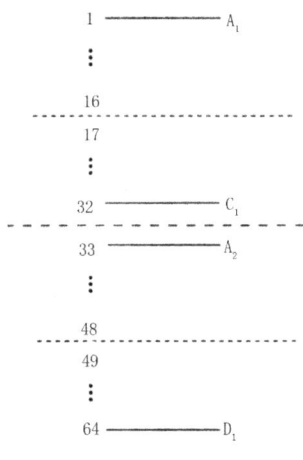

图4-4 示例

③确定第5至第8号种子的号码位置。

第5至第8号种子通过抽签的方法,分别抽入16、17、48、49号位置。在第5至第8号种子运动员中,$A_3$和$C_2$有同单位运动员的限制问题;$F_1$和$B_1$无同单位运动员的限制问题。

种子运动员抽签结束,抽签结果如表4-7所示。

表 4-7　抽签结果

| 1/2 区 | 1/4 区 | 号码位置 | 种子运动员 |
| --- | --- | --- | --- |
| 上半区 | 1 | 1 号<br>16 号 | $A_1$<br>$F_1$ |
| 上半区 | 2 | 17 号<br>32 号 | $B_1$<br>$C_1$ |
| 下半区 | 3 | 33 号<br>48 号 | $A_2$<br>$C_2$ |
| 下半区 | 4 | 49 号<br>64 号 | $A_3$<br>$D_1$ |

种子运动员抽签定位过程中,号签员根据主抽人的说明词,取出需要的位置号签,洗乱后以背面为上摆放在桌面上;主抽人取出相应的种子名签,洗乱后以背面为上随机盖放在某 1 号签上;主抽人揭开名签与号签,展示并公布抽签结果。

(2)非种子运动员抽签

"分区—定区—定位"是非种子运动员的抽签步骤。抽签分区:根据交界线的不同层次逐"级"进行;抽签定区:根据确定的抽签顺序逐"队"进行;抽签定位:根据选用号区的序列逐"区"进行。

(二)团体比赛

1.抽签准备

①报名情况:45 个队。
②竞赛办法:三阶段单循环赛。第 1 阶段分成 9 个小组进行单循环赛;第 2 阶段由各组同名次的队各分成 3 个小组进行单循环赛;第 1 阶段获得同名次的各队,按照第 2 阶段的比赛成绩进行第 3 阶段同名次单循环赛,最终确定所有名次。
③种子设置:9 个种子队、9 个副种子队。

2.抽签实施

(1)抽种子队
第 1 至第 3 号种子分别抽入第 1、第 4、第 7 组;
第 4 至第 6 号种子分别抽入第 2、第 5、第 8 组;

第 7 至第 9 号种子分别抽入第 3、第 6、第 9 组。

(2)抽副种子队

将 9 个副种子队,一批抽入各个组内。

(3)抽非种子队

将 27 个非种子队,一批抽入各个组内,每个组抽进 3 个队。

(4)抽竞赛序号

①将种子队定为各组的 1 号;

②将副种子队定为各组的 2 号;

③抽签决定非种子队在各组的竞赛序号。

团体比赛抽签分组时,号签员根据主抽人的说明词,取出相应的组签,洗乱后以背面为上摆放在桌面上;主抽人将队名签洗乱后,以背面为上随机盖放在摆好的组签上;主抽人揭开名签与组签,展示并公布抽签结果。

## 第四节 编排方法

乒乓球竞赛的抽签,通过"机遇"的方法来解决实际竞赛中无法消除的强机遇性,从而妥善确定各参赛队和运动员在竞赛中所处的具体位置。抽签结束意味着,每个参赛队和运动员在各个项目竞赛中的相对关系得到确定。"把各个竞赛项目所要进行的全部比赛,科学合理地安排在规定的时间内、一定数量的球台上,使整个竞赛按照确定的秩序有条不紊地进行"是竞赛编排工作的根本任务。[①]

### 一、编排工作的根本要求

"力求参赛各方机会均等;努力适应观众的需求;科学合理地使用场馆;保持合理的比赛强度;切实安排好各项决赛;符合规程的各项规定;节约竞赛的经费开支"是编排工作的根本要求。

(一)力求参赛各方机会均等

针对参加比赛的各运动队和运动员,不管实力强弱、水平高低,皆应同等对待。在比赛时间、比赛场馆、比赛球台、比赛进度、比赛强度等的安排

---

① 王蒲.乒乓球教程[M].北京:中央广播电视大学出版社,2015:248.

上,应竭力保证其机会均等。

(二)努力适应观众的需求

编排工作应充分考虑并满足广大观众的需求。例如,在一节比赛中,应注意男、女项目和单、双打比赛的合理搭配,避免出现"清一色"的现象;一节比赛的时间不宜安排过长,最多不超过 4 h。

(三)科学合理地使用场馆

首先,一个场馆通常设有多张球台,球台的使用数量最好不要轻易改变,避免忽多忽少、突然变动;球台的使用通常为"先多后少",应分次数、有规律地递减。其次,安排球台时,应把场地工作人员调整球台的必要时间和工作的方便考虑在内。再次,在两节比赛之间,应保证观众有充足的退场、进场时间。最后,在采用多场馆比赛时,应有一个比较大的中心场馆。值得注意的是,应避免无中心的多场馆比赛和运动员住宿地点的不集中,特别是比赛场馆与住宿地点分散,这不利于乒乓球竞赛。

(四)保持合理的比赛强度

乒乓球竞赛规则对运动队和运动员的比赛强度进行了相关规定。赛前拟订的编排方案,不能超过竞赛规则关于最大限度比赛量的规定。例如,在一节比赛中,运动员进行两场比赛之间应有不少于一场比赛的休息时间,也就是"不得连场"。

(五)切实安排好各项决赛

团体比赛的决赛和单项比赛的决赛应分别单独进行。决赛场面应安排得紧凑而有秩序,不仅要防止"连场",还要避免"空场"。在秩序册上,单项比赛的决赛只需标出日期与节次,不用安排具体的时间与台号,便于根据实际情况来安排比赛秩序。

(六)符合规程的各项规定

竞赛规程所规定的竞赛方法,是进行竞赛编排的基本依据。编排方案必须与竞赛规程的各项规定相符合。

(七)节约竞赛的经费开支

竞赛的人员、场地、交通等与竞赛编排息息相关。因此,编排方案应科学合理地使用比赛场馆,努力缓解交通压力,通过多种有效的举措节约经费开支。

## 二、编排工作的主要内容

以编排工作的根本任务与要求为依据,编排工作的主要内容为:设计编排方案、编排比赛秩序、设计场地方案、编制比赛秩序表、检查编排结果等。

(一)设计编排方案

做好整体设计是设计编排方案的重中之重。在方案设计中,应统筹兼顾、权衡利弊,一切从实际出发。

1.排定竞赛日程

排定竞赛日程是确定一个编排方案首先要做的工作。安排竞赛日程应以竞赛办法、竞赛天数、球台数量、需要竞赛的轮数、场数等为依据。

2.排定比赛场次

以排定的竞赛日程为依据,把各个项目的所有比赛场次,合理地安排进每节比赛中。编排比赛场次时,可以选用"图案式表格"来设计方案。

(二)编排比赛秩序

确定完编排方案,就可以通过"代号"的形式来具体编排各个项目的比赛秩序,也就是安排各场比赛的时间与台号。团体比赛可用 A、B、C 等英文字母代表各参赛队;单项比赛可用 Ⅰ、Ⅱ、Ⅲ 等罗马数字代表比赛阶段,用 1、2、3 等阿拉伯数字代表轮数与场数。

1.团体比赛的编排

在一节比赛时间中,每张球台可安排男、女团体赛各一场。在各节比赛相互连接的情况下,应当采用男、女项目相对固定的编排方法,以此防止在两节比赛之间发生"连场"或"重场"的现象。每节比赛、每张球台通常"先女后男"。

## 2.单项比赛的编排

在一节比赛时间中安排多个比赛项目时,为了避免"连场",可采用男、女项目交叉,同项目同轮次衔接的编排方法。

在一节比赛时间中既有混双项目又有其他项目时,混双比赛不管是和男、女项目还是和单、双打项目衔接,皆有可能发生"连场"的现象。编排比赛秩序时,混双比赛应挤靠两头,或者安排在一节比赛的开头,或者安排在一节比赛的末尾;混双比赛的场次应当相对集中,不适合间断进行;混双比赛应防止与双打项目续接,从而减少"连场"概率。

## (三)设计场地方案

球台放置应遵循以下几个要求:一是球台应并列放置;二是便于运动员比赛、便于裁判员工作、便于观众观看;三是注意赛场布局的整齐美观。

例如,使用2张球台时,可考虑以下2种方案,如图4-5所示。

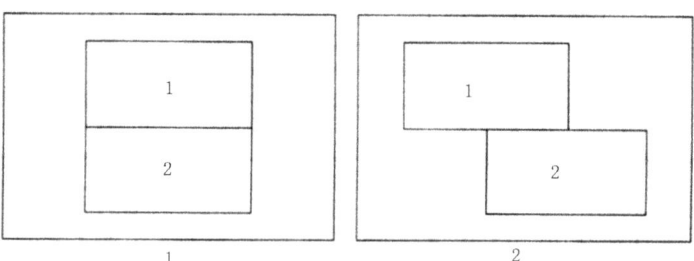

图4-5 示例

## (四)编制比赛秩序表

各个项目比赛秩序排定后,即将编排结果过渡到比赛秩序表中。竞赛秩序册中最重要的内容就是比赛秩序表。

### 1.团体比赛秩序表

团体比赛的基本方法为单循环赛,单循环赛一般采用坐标式秩序表,其样式如表4-8所示。

表4-8 男子团体比赛

A：××××、××、×××、×××、×××
B：×××、×××、×××、×××、×××
C：××、×××、×××、×××、××
D：×××、×××、×××、××、×××
E：×××、×××、×××、×××、×××
F：×××、×××、×××、×××、××
G：×××、×××、×××、×××、×××
H：×××、××、×××、×××、×××

| 甲组 | A | B | C | D | E | F | G | H | 积分 | 名次 |
|---|---|---|---|---|---|---|---|---|---|---|
| A | × | | | | | | | | | |
| B | 20<br>10点<br>④ | × | | | | | | | | |
| C | 19<br>19点<br>⑨ | 18<br>10点<br>⑫ | × | | | | | | | |
| D | 19<br>10点<br>⑧ | 19<br>19点<br>③ | 17<br>19点<br>② | × | | | | | | |
| E | 18<br>19点<br>⑩ | 17<br>19点<br>⑧ | 19<br>10点<br>③ | 17<br>10点<br>⑨ | × | | | | | |
| F | 18<br>10点<br>⑥ | 19<br>10点<br>⑤ | 17<br>10点<br>⑧ | 18<br>19点<br>④ | 20<br>10点<br>⑩ | × | | | | |
| G | 17<br>19点<br>⑨ | 17<br>10点<br>③ | 18<br>19点<br>⑥ | 20<br>10点<br>⑫ | 18<br>10点<br>⑤ | 19<br>19点<br>⑧ | × | | | |
| H | 17<br>10点<br>⑤ | 18<br>19点<br>⑫ | 20<br>10点<br>⑥ | 18<br>10点<br>⑩ | 19<br>19点<br>② | 17<br>19点<br>③ | 19<br>10点<br>⑨ | × | | |

## 2.单项比赛秩序表

单项比赛的基本方法为单淘汰赛,单淘汰赛的比赛秩序表通常如图 4-6 所示。

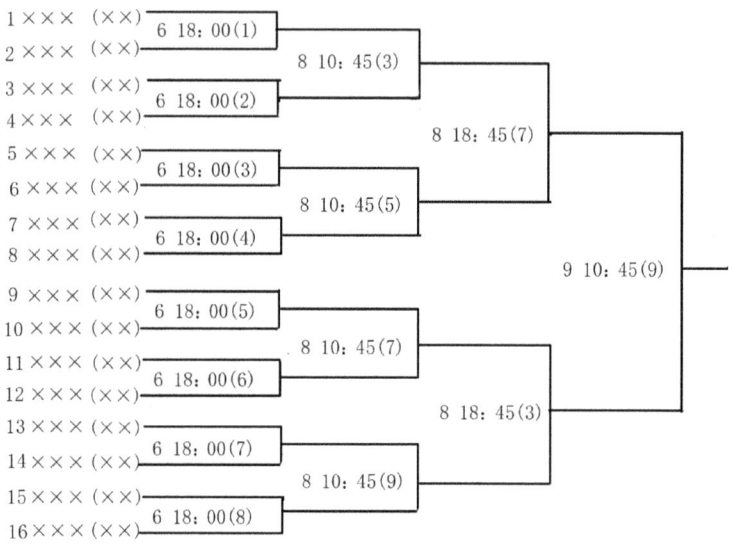

图 4-6 男子单打比赛

### (五)检查编排结果

编排工作完成后,应仔细进行全面检查:一是检查运动队和运动员的比赛强度是否适当;二是检查参赛各方有无明显的机会不均等现象;三是检查编排方案是否完全符合竞赛规程的各项规定;四是检查是否较好地适应和满足了观众的需求;五是检查是否科学合理地使用场馆;六是检查编排方案是否有利于节约经费开支等。竞赛秩序一旦确定,即快速编印出该次竞赛的竞赛秩序册,从而保证整个竞赛工作的顺利进行。

## 三、编排工作的具体实施

以下通过实例,来说明竞赛编排工作的具体实施情况。

竞赛项目:男子团体、女子团体、男子单打、女子单打、男子双打、女子双打、混合双打。

报名情况如表 4-9 所示。

表 4-9 报名情况

| 项目名称 | 数量 |
| --- | --- |
| 男子团体 | 32 队 |
| 女子团体 | 32 队 |
| 男子单打 | 128 人 |
| 女子单打 | 128 人 |
| 男子双打 | 64 对 |
| 女子双打 | 64 对 |
| 混合双打 | 128 对 |

竞赛办法:其一,团体比赛:男、女团体赛各分为甲、乙两个级别。甲、乙各 16 个队,分成两个阶段比赛。第 1 阶段分 2 个小组,每组 8 个队进行单循环赛;第 2 阶段由各组的相邻两个名次的队进行交叉淘汰,排出各个级别的全部名次。其二,单项比赛:皆采用单淘汰赛。

竞赛日期:7 月 1—10 日,共 10 天。

球台数量:16 张。

比赛场馆:1 个。

(一)安排竞赛日程

1.计算出各个竞赛项目的轮次数与场次数

以女子团体甲级比赛为例:共 16 个队,第 1 阶段分为 2 个小组,每组 8 个队进行单循环赛,每组比赛 7 轮 28 场,两组合计 7 轮 56 场;第 2 阶段由相邻名次进行交叉淘汰,第 1 轮比赛 8 场,第 2 轮比赛 8 场,合计 2 轮 16 场。2 阶段总计 9 轮 72 场。

2.按照竞赛办法、竞赛天数、球台数量及需要比赛的轮数、场数,设计与安排整个竞赛日程

团体比赛准备采用每天比赛两节,即白天与晚上各一节,一节比赛时间一张球台安排男、女团体比赛各一场的编排方案,如表 4-10 所示。

表 4-10　竞赛日程表

| 日期时间 | 昼场（10:00 开始） | 夜场（18:00 开始） |
|---|---|---|
| 7月1日 | 男、女团体赛（第一阶段） | 男、女团体赛（第一阶段） |
| 7月2日 | 男、女团体赛（第一阶段） | 男、女团体赛（第一阶段） |
| 7月3日 | 男、女团体赛（第一阶段） | 男、女团体赛（第一阶段） |
| 7月4日 | 男、女团体赛（第一阶段） | 男、女团体赛（第一阶段） |
| 7月5日 | 男、女团体赛（第二阶段） | 男、女团体赛决赛 |
| 7月6日 | 单项比赛 | 单项比赛 |
| 7月7日 | 单项比赛 | 单项比赛 |
| 7月8日 | 单项比赛 | 单项比赛 |
| 7月9日 | 单项比赛 | 单项比赛 |
| 7月10日 | 单项比赛 | 单项比赛（决赛） |

（二）安排比赛场次

整个竞赛包括团体比赛与单项比赛。按照竞赛日程，把各个项目的所有比赛场次合理地安排到每节比赛中去。

1.团体比赛场次安排

先把各个级别、各个阶段的所有比赛按轮次、场次顺序列出；再以 16 张球台为基础，逐轮安排场次。男、女团体比赛的场次安排方案设计，如图 4-7 所示。

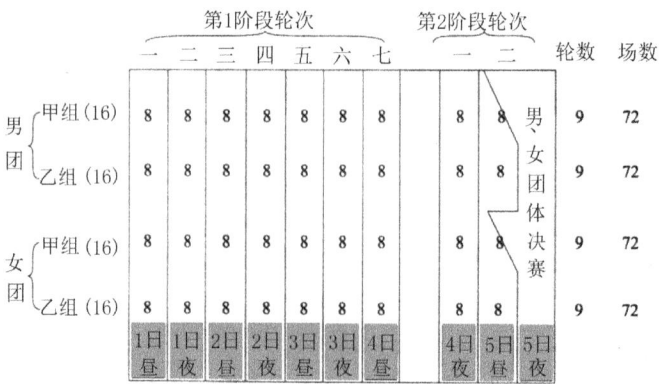

图 4-7　团体比赛场次安排方案

例如,7月1日,昼场安排男、女团体第1阶段甲组和乙组第1轮各8场,共32场比赛;夜场安排男、女团体第1阶段甲组和乙组第2轮各8场,共32场比赛。7月5日,昼场安排团体第2阶段第2轮,男、女甲组各7场,男、女乙组各8场,共30场比赛;夜场安排男、女团体甲组冠、亚军决赛。

2.单项比赛场次安排

先将各个项目的所有比赛按轮次、场次顺序列出;再以16张球台为基础,逐节安排场次。单项比赛的场次安排方案如图4-8所示。

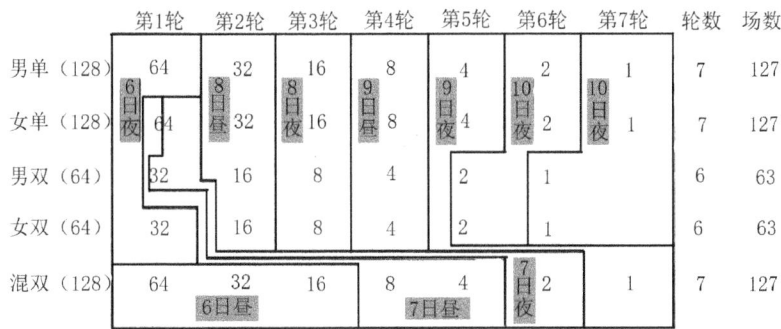

图4-8 单项比赛场次安排方案

例如,7月6日:昼场安排混双第1轮、第2轮、第3轮,共112场比赛;夜场安排男单第1轮,女双第1轮,共96场比赛。7月7日:昼场安排女单第1轮的半轮,混双第4轮、第5轮,共44场比赛;夜场安排女单第1轮的半轮,男双第1轮,混双半决赛,共6场比赛。7月10日:昼场安排男单、女单、男双、女双的半决赛,共8场比赛;夜场安排男单、女单、男双、女双的决赛,共4场比赛。

(三)编排比赛秩序

编排方案确定后,便可以具体编排各个项目的比赛秩序。

1.团体比赛的具体编排

①团体比赛第1阶段采用分组单循环赛。先用"逆时针轮转法"确定各轮比赛的具体场次;再按照团体比赛编排方案,逐节排出各场比赛的日期、时间及台号。

例如,7月1日昼场,进行各组第1轮的4场比赛如下。

10:00 女子团体:

甲1组:A(1)H B(5)G C(9)F D(13)E;

甲2组:A(2)H B(6)G C(10)F D(14)E;
乙1组:A(3)H B(7)G C(11)F D(15)E;
乙2组:A(4)H B(8)G C(12)F D(16)E。
12:00 男子团体:
甲1组:A(1)H B(5)G C(9)F D(13)E;
甲2组:A(2)H B(6)G C(10)F D(14)E;
乙1组:A(3)H B(7)G C(11)F D(15)E;
乙2组:A(4)H B(8)G C(12)F D(16)E。
用同样的方法,把第1阶段的比赛秩序全部排出。

②团体比赛第2阶段采用交叉淘汰。

例如,7月4日夜场,进行第1轮32场比赛如下。

18:00:女甲Ⅱ-1-8,女乙Ⅱ-1-8。

20:00:男甲Ⅱ-1-8,男乙Ⅱ-1-8。

用同样的方法,把第2阶段的比赛秩序全部排出。

2.单项比赛的具体编排

单项皆采用单淘汰赛。根据单项比赛编排方案,逐节排出各场比赛的日期、时间及台号。

例如,7月6日昼场,安排混双第1轮、第2轮、第3轮,共112场比赛。因为本节只有一个比赛项目,可通过"同轮次衔接"与"上、下半区"的比赛轮流进行的编排方法,从而处理"连场"问题,如表4-11所示。

表4-11 7月6日昼场安排

| 10:30 | 混双—1—16 |
| --- | --- |
| 11:00 | 混双—1—16 |
| 11:30 | 混双—1—16 |
| 12:00 | 混双—2—16 |
| 12:30 | 混双—2—16 |
| 13:00 | 混双—3—8 |
| 13:30 | 混双—3—8 |

7月6日夜场,安排男单第1轮,女双第1轮,共96场比赛。因为本节只有一个轮次比赛,可通过"男、女交叉"的编排办法来防止发生"清一色"现象,如表4-12所示。

表4-12　7月6日夜场安排

| 18:00 | 男单—1—16 |
|---|---|
| 18:45 | 女双—1—16 |
| 19:15 | 男单—1—16 |
| 20:00 | 女双—1—16 |
| 20:30 | 男单—1—16 |
| 21:15 | 男单—1—16 |

(四)编制比赛秩序表

1.团体比赛

(1)团体比赛的第1阶段

团体比赛第1阶段采用分级分组单循环赛,把各个级别、各个组别的比赛秩序,分别填入相应的比赛秩序表内。

例如,男子团体甲1组:把7月1日昼场进行的第1轮4场比赛的日期、时间及台号填入秩序表中,如表4-13所示。

表4-13　男子团体赛(第1阶段)

| 甲1组 | A | B | C | D | E | F | G | H | 积分 | 名次 |
|---|---|---|---|---|---|---|---|---|---|---|
| A | ※ | | | | | | | | | |
| B | | ※ | | | | | | | | |
| C | | | ※ | | | | | | | |
| D | | | | ※ | | | | | | |
| E | | | | 1<br>10点<br>(13) | ※ | | | | | |
| F | | | 1<br>10点<br>(9) | | | ※ | | | | |
| G | | 1<br>10点<br>(5) | | | | | ※ | | | |
| H | 1<br>10点<br>(1) | | | | | | | ※ | | |

(2)团体比赛第2阶段

团体比赛第2阶段采用相邻名次交叉淘汰,把各个级别、各轮比赛的日期、时间及台号分别填入秩序表内。

例如,男子团体甲组1~8名的决赛,如图4-9所示。

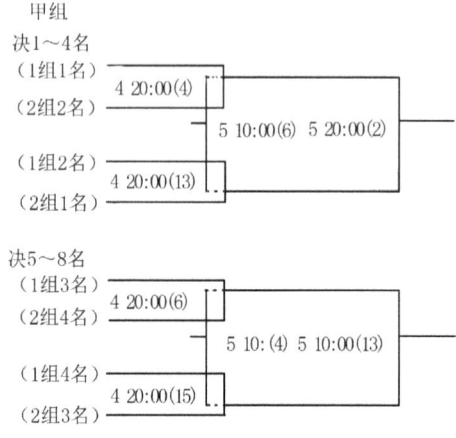

图4-9 男子团体赛(第2阶段)

2.单项比赛秩序表

单项比赛皆采用单淘汰赛。根据编排结果,把各个项目、各轮比赛的日期、时间及台号,分别填入各项目的比赛秩序表内。

例如,男子单打比赛——第一个1/8区的比赛,如图4-10所示。

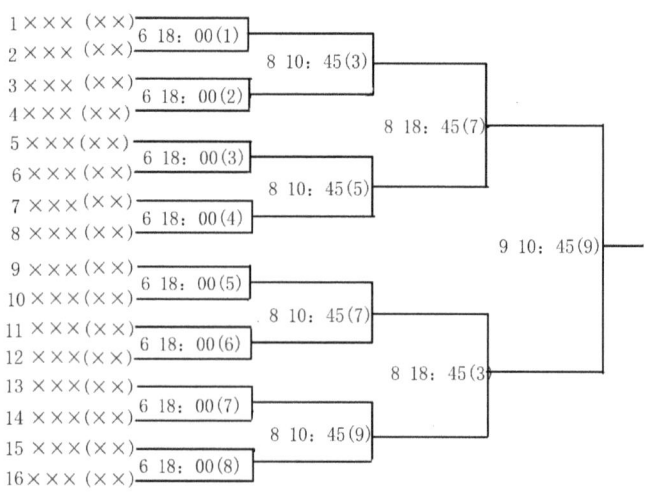

图4-10 男子单打比赛

当编排完比赛秩序后,须进行全面检查和仔细校对。各项目的比赛秩序一旦确定,快速编印出该次竞赛的竞赛秩序册,保证整个竞赛工作的顺利进行。

# 第五章　乒乓球运动教学与训练创新探究

> 乒乓球运动员技战术水平的提升离不开乒乓球教学与训练体系的逐渐发展和完善。随着理论和实践的丰富,乒乓球运动教学与训练内容日益多样化,在不同的教学与训练阶段,针对不同的运动员,应当采取不同的、恰当的手段和方法,以达到最佳的教学与训练效果。创新是乒乓球运动得以不断发展的动力,本章分析了乒乓球运动教学和训练的创新发展,并探讨了乒乓球运动的创新教育理念。

## 第一节　乒乓球运动教学的创新发展

### 一、乒乓球运动的教学方法

合适的教学方法不仅能够提高教学效果,还可以激发学生的学习热情,对乒乓球运动的发展有着重要意义。

(一)讲解法

讲解法是一种常用的、基础的教学方法。教师向学生讲解的内容包括乒乓球运动的相关规则、方法、动作要领等,为学生学习与掌握相应的知识和技能提供更好的指导。

在乒乓球教学中运用讲解法,应当注意以下几方面问题。

第一,讲解目的明确,详略得当。根据教学内容、教学目标与学生特点确定讲解的目的,在讲解过程中抓住重点与难点,提高教学的针对性,同时注意调节自身的语气和语速,让学生明白在哪些方面可能需要投入较多的学习与练习时间。另外,教学时间有限,而随着学习时间的增加,学生的注意力也会逐渐分散,这对讲解提出了简明扼要、重点突出的要求。

第二,讲解内容正确,讲解方式恰当。不管是基本知识还是主要技能的讲解,都要将内容的正确性放在第一位,做到准确无误,否则讲解不但失去效果,还会对学生产生负面影响。讲解方式要反映教学内容的特点,适应于学生的学习能力与学习情况,以培养学生的学习兴趣,使学生更快更好地掌握相应知识与技能。

第三,讲解生动形象,举一反三。在讲解过程中,有的知识体系与动作技术不能孤立地讲解,应当将其与学生熟悉的内容联系在一起,注重学生创造性思维与发散性思维的启发,让学生可以触类旁通,对相关知识与技能有更清晰的理解,达到学以致用的目的。

第四,注重讲解时机与效果。在讲解的时候,要保证相应的内容能够传递给每位学生,首先要有一个合适的讲解位置。同时,讲解要能激发学生的积极性与好奇心,这样才能获得较好的效果。

(二)动作示范法

动作示范法是指通过示范动作使学生掌握技术动作的结构、形象与要领的方法,可以是教师亲自示范,也可以由教师让一些学生示范。相比讲解法,动作示范法更加直观,非常适合复杂动作的教学。

在乒乓球教学中运用动作示范法,应当注意以下几方面问题。

第一,动作示范目的明确。若是为了让学生认识基本的动作形象,动作示范的速度可以适当加快;若是为了让学生学习相应的动作结构,动作示范的速度可以适当减慢,并稍显夸张;若是为了让学生掌握重点与难点动作,则可以重复示范。

第二,动作示范内容正确。正确的动作示范可以防止错误动作对学生的误导。

第三,动作示范要能让所有学生都可以看到。学生可以面对示范者错位站立,或者站成一个圆圈,示范者在中间。

第四,动作示范要与相应的讲解方法配合。如采用一边示范一边讲解,或者先讲解再示范、先示范再讲解等方式,学生更容易理解技术动作。

(三)完整教学法

从动作开始至结束,完整地开展教学与练习的方法就是完整教学法。其具有动作优美协调、各动作间联系密切的特点,适合在进行技术动作难度较低或者技术动作不能分解的教学过程中使用。此外,在第 1 次示范动作的时候,也可以运用完整法示范完整的技术动作形象。对于结构复杂、方向和路线变化多的动作来说,运用完整法就会出现一定的困难。

在乒乓球教学中运用完整教学法,应当注意以下几方面问题。

第一,对于简单的、容易掌握的技术动作,可先由教师完整地示范动作,然后学生进行完整的动作练习。

第二,对于不能分解的技术动作,运用完整教学法时不要过分拘泥于动作细节,应对动作变化的时机、动作的用力等各要素做必要的分析,把握整体,保证动作的完整性与流畅性。

第三,对于具有一定难度的技术动作,运用完整教学法时可以适当地降低难度,然后根据学生对动作的掌握程度再逐渐地增加难度,但是降低难度不能出现技术动作错误。徒手完成动作、减少距离和高度等都可以降低动作完成的难度。

第四,适当地改变外部环境。采取一定的措施使外部条件有利于完整动作的完成。

(四)分解教学法

划分完整的技术动作为若干部分,使学生先学习分解动作而后逐步学习与掌握完整动作的方法就是分解教学法。其可以将复杂的动作分解成简单的动作,降低了学生学习与掌握的难度,适合在技术动作难度较高或者技术动作可以分解的教学过程中使用。但是,这种方法注重分解把握局部动作,造成学生在一定程度上对整体的理解不完整。实际教学中,可以将分解教学法与完整教学法结合使用,使二者优势互补,共同提高教学质量。

在乒乓球教学中运用分解教学法,应当注意以下几方面问题。

第一,技术动作分解合理。在认真分析技术动作特点的基础上通过合理的方式分解,注意空间和时间上的有序性与统一性。

第二,保证各个环节的联系与衔接。将完整的技术动作分解成若干个环节时,要注重各个环节间的联系性与过渡的流畅性,使之成为一个有机整体。

(五)预防与纠错教学法

在教学过程中,教师要正确对待学生出现的或者可能出现的错误,并有意识地进行引导与纠正,这就要运用预防与纠错教学法。预防与纠错之间互相联系。预防具有一定的超前性,分析可能出错的原因,积极引导学生避免出现错误;纠错有着明显的针对性,对学生出现的错误做出相应的纠正,并对出错的原因进行分析。

## 二、乒乓球运动教学的创新

### (一)教学观念的创新

在传统的乒乓球教学中,学生的自主性与创造性不能得到充分发挥,因材施教的教学原则未能真正落实,学生的个性发展受到限制,出现这些问题的一个主要原因就是教学观念落后。因此,革新教学观念,积极构建符合社会发展趋势与满足乒乓球教学需要的教学观念,使学生的共性与个性协调发展,是乒乓球运动教学创新发展的必然要求。通过对传统观念的创新,可以极大地提升乒乓球教学效果,促进乒乓球运动的发展。

在乒乓球教学中,创新教学观念主要从以下2个方面着手。

1.以"教"为"学"

充分发挥教师在教学中的作用,是乒乓球教学观念创新的重点。而教师自身启发和引导作用的发挥是关键,以"教"为"学",引导学生主动学习,不断发展自身的创新能力,从而促进乒乓球教学效果的提高。

2.以学生为主体

尊重学生的主体地位,是乒乓球教学观念创新的另一个重点。过去"填鸭式"的教学方式已经不能适应新形势下的教学要求,需要对其进行改革和突破。在不同的教学条件下,教师可以通过设置不同的情境来充分激发学生学习的积极性,使学生主动发现、分析、解决学习中的问题,由过去的被动学习转为积极主动学习。

### (二)教学模式的创新

对教学模式进行创新,高度关注学生创新意识与能力的发展,有助于学生尽快掌握各种技战术。

在乒乓球教学中,创新教学模式可采取以下2种方法。

1.创设"情境剖析"的教学情境

创设"情境剖析"教学情境可分为2个步骤。

第一,教师要认真做好课前准备工作,同时学生也要做好课前预习,以使课堂教学活动得以顺利开展。学生在课前有了充分的预习准备,可以在课堂上更好地认识和掌握所学的乒乓球理论知识与技术动作。

第二,教师要在课堂上做好讲解和示范,引导学生学习理论知识、掌握技能动作。教师专业的讲解和示范对学生建立正确的动作表象、形成严格的技术规范有着重要作用。具体来说,教师首先要详细准确地讲解动作技术,特别是重点动作与难点动作,然后再进行示范,并引导学生认真观察动作细节。教师在这个过程中可以通过趣味式教学法来创设情境剖析的教学情境。例如,模仿优秀乒乓球运动员的代表性动作,以此来调动学生的学习积极性。

### 2.创设"情感创新"的教学情境

创新能力在一个人的发展历程中有着非常重要的意义,它能够激发人们的求知欲望,提高人们对事物的兴趣,使人们获得愉悦的心情。在乒乓球教学中,鼓励学生善于发散思维、敢于创新、勇于实践,着重培养学生自主设计和组织运动技能练习的能力,提高学生自主独立地解决问题的能力,是乒乓球教学模式创新的一项重点内容。

在乒乓球创新教学模式中,"情感创新"教学情境的创设要求教师和学生配合默契,教师和学生沟通及时,为探索适合每个学生发展的教学模式共同努力。学生进行学习和练习不能只依赖于教师提供的练习手段与方式,还要能依据自身实际情况自主设计练习形式与方法。

## (三)教学方法的创新

传统的乒乓球教学存在过分重视教师在课堂中的作用、忽略学生能动性的提升、教学程序与教学方式比较僵化等不足之处。要解决这些问题,就需要改革和创新乒乓球教学方法,适当拓宽教学组织形式。下面介绍几种乒乓球教学的创新方法。

### 1.探究式教学方法

探究式教学方法是指教师精心指导学生,使学生充分发散思维,能积极主动地探索新的知识点与运动技能,罗列出发现的问题,带着问题听教师讲解或独立将问题解决。

探究式教学要求教师积极支持与鼓励教学过程中学生表现出的发散思维,培养学生勇于探索的精神,引导学生在探索中获得新的感受,学习新的运动技能。对具备一定技能基础的学生来说,探究式教学方法有着重要作用。例如,在乒乓球球性练习中,这类学生通过探究学习使思维得到分散,既可以用拍面颠球,又可以用拍框颠球,提高了颠球的趣味性,更有利于掌握乒乓球的球性。

2.互动式教学方法

传统的乒乓球教学方法中,"教"是教师的主要职责,"学"是学生的主要职责,师生间有着十分明确的主客体关系,两者之间缺少互动与合作。而互动式教学法要求教师对学生在学习中的主体地位予以充分尊重,在课堂教学中鼓励学生积极参与其中,营造和谐、民主、愉悦的教学氛围,使学生在学习知识与技能的同时能体验到学生的乐趣。

在乒乓球教学中,如果学生的技术水平相差较大,教师可以让技术水平相对较高的学生使用不擅长的左手击球,训练和提高他们的反应能力,而技术水平相对较低的学生会变得更加自信,这样就可达到"双赢",使双方在轻松愉快的教学过程中提高技术水平。

(四)成绩评价标准的创新

当前我国乒乓球运动采用的考评制度主要是理论知识与技术实践相结合的考核制度。其在乒乓球教学中的作用是明显的,但也存在一定的不足,如忽视对学生运动实践能力和乒乓球技战术意识的评价。要实现体育教学的目标,就要改善这些不足之处,努力探索新的乒乓球教学评价标准。

在乒乓球教学中,创新教学评价标准应满足以下2项条件。

第一,在考核乒乓球运动成绩的过程中,建立公正、科学、客观、合理的考核制度,由单一化的考核方式转化为多元化的考核方式,对学生身体素质、实践能力与科研能力等方面的考核比例适当增加,同时适当减少对技术内容的考核与评价。

第二,新的标准要符合素质教育的要求,着力培养各项素质全面发展的学生,推动学生技战术水平的提升。在考核过程中,不能忽视学生的训练进步幅度、学习态度、互动能力、日常出勤等因素。

## 第二节 乒乓球运动训练的创新发展

乒乓球运动员的技术水平与训练活动有着密切关系,加强和改善训练的内容、方式、手段,不断提高训练的科学性、目的性、针对性和有效性,是乒乒球运动持续发展的重要保证。

# 一、乒乓球运动的训练方法

## (一)帮助训练法

这是一种需要他人协助的练习形式。要获得较好的训练效果,训练者首先要了解自己的情况,在此基础上选择适合自己的帮助对象。帮助训练法的常用形式有高帮低训练、男帮女训练、请陪练与模拟对手比赛等,其中模拟对手比赛可以有效提高运动员在未来比赛中的适应能力。此外,在针对性训练中帮助训练法也有着十分积极的促进作用。

## (二)比赛训练法

训练是为了更好地参加比赛,同时比赛也可以当作一种训练手段。下面介绍几种常见的比赛训练法。

1.适应性比赛

适应性比赛的安排应当注意以下4个方面的要求。第一,以重要比赛的场次、地理条件、观众等作为模拟比赛安排的主要依据。第二,模拟将要举办比赛的规模,选择与正式比赛一致的比赛方法,以及球台、球等器材设备。第三,模拟比赛的气候、地理等自然条件要相似于正式比赛。第四,培养运动员尽快进入比赛状态的意识与能力,更好地适应比赛的特点,使运动员做完准备活动后,练球1~2 min就可以开始比赛。

2.特定技战术比赛

从实际需要出发有针对性地选择特定技战术比赛的形式,常用的形式有以下几种。

(1)限定技术比赛

以拉球对削球为例,可规定突击或削中反攻失误1球扣2分、命中加1分。拉球与削球采用常规计分法,可以更好地突出训练重点。

(2)8比9、9平或10平后比赛

通过循环赛、打擂台或升降台,可以进一步提升打关键球的能力。

3.让分比赛

这种方法是依据比赛双方的技战术实力,一方对另一方让分的比赛训练形式。例如,比赛从0比2、0比4、6比8、8比10等比分开始。这种训练方法适合在双方实力有着很大差距时使用,可以培养运动员临危不惧的精神,避免在比分处于落后时产生挫败感,使其能沉着顽强地继续坚持比赛。

(三)意念打球训练法

意念打球训练法是在乒乓球训练中运用心理学知识,主要有以下几种形式。

1.边练边想

乒乓球训练不应是简单的机械的练习,而是要一边练习一边思考,加强对正确动作肌肉感觉的记忆,分析什么原因导致击球动作出现失误,并知道怎样纠正失误的动作。例如,运动员要充分利用捡球的机会回忆刚才的训练动作,可以稍微延长捡球的时间,结束回忆后继续进行练习。

2.暗示拼抢1分法

这种方法要求在每分球开始前,运动员小声念或在心里默念:"必须要拿下这一分!"然后全力以赴争取拿下这一分。这种方法不仅能使运动员摒弃杂念,保持注意力高度集中,还可以提高其求胜心,有利于发挥正常水平。在乒乓球各种常规练习中,都可以使用这种方法。研究发现,经过暗示拼抢1分法的训练,运动员进攻的命中率可以提高10%以上,可见暗示有着不容忽视的作用。

3.提高技战术动作表象能力的训练

表象指的是以前感知过的实物形象在脑中的反映,而形象的反映程度就是表象能力。提高技战术动作表象能力的训练,要求运动员观看一场比赛或一个动作后,能将动作或战术变化清晰地在脑中重现出来,重现形象的清晰程度,说明了其动作表象能力的高低。这种方法适合在学习新技术或提升战术意识的训练中使用。

(四)附加装置训练法

附加装置训练法是指对球台与球网进行适当调整或适量增加附加装置,以有效解决某一技术问题的训练方法。具体的训练形式有多种,下面介绍几种比较常见的形式。

1.升降球网训练法

(1)升网法

升网法就是在训练中把球网稍微升高 1 cm 左右。运用这种训练法可增加攻球弧线的弯曲度,适合攻球弧线过直的运动员使用。

(2)降网法

降网法就是在训练中把球网稍微降低一些。运用这种训练法可降低击球弧线的高度,适用于搓球或削球技术的训练。

2.网上加线训练法

网上加线训练法是指在球网上方约5 cm的高度拉一条直线,双方击球都要从球网上方与直线中间穿过的方法。运用这种训练法可有效控制弧线的高度,适合在对搓时使用。

3.加宽球台训练法

加宽球台训练法是指将球台的半台加宽为一个半或两个台面的方法。运用这种训练法可增加脚步移动的速度与距离,适合在训练步法时使用。我国著名乒乓球运动员邓亚萍就经常采用这种训练法,训练效果非常理想。

4.噪声干扰训练法

噪声干扰训练法是指录下比赛时杂乱的广播声和观众的喧哗声等,并在训练过程中不间断地播放录音干扰运动员训练的一种方法。这种训练法可以极大地提高运动员的心理素质,使运动员适应嘈杂的比赛环境,转噪声为积极的鼓励,从而使自身水平得到正常发挥,获得理想的成绩。

## 二、乒乓球运动训练的创新

(一)训练理念的创新

1."百花齐放,以我为主"的训练理念

这一训练理念主要有以下3个方面的特性。

(1)科学性

充分重视乒乓球竞技的基本矛盾,是"百花齐放,以我为主"训练理念科学性的主要表现。力量、速度、弧圈、旋转、落点五大竞技要素不断随机变化,打法和工具性能不同,这2个方面不断变化的刺激达到不同的球性变化效果,反映了"精确技术""细腻手感""适应球性"的重要性。细小的差距就会产生很不一样的技术后果。此外,我国乒乓球技术与西方国家的技术区别也可以从精确的球性刺激中得到体现,即相比欧洲运动员,我国运动员的技术更为精细。

(2) 正确性

"百花齐放，以我为主"理念的正确性，一是指通过开放的方针政策为各种被限制打法的发展提供支持，做到"百花齐放"；二是在发展过程中有重点，进一步发展符合自身特点的技战术，做到"以我为主"。这一理念要求将世界乒乓球运动的变化和自身实际情况密切结合起来，两手都要抓，逐步形成"国外有我有，国外无我也有"的局面。由此可见，"百花齐放，以我为主"的训练理念具有全面性、完整性、辩证性的特点。

(3) 实效性

运动员要增强自身的适应能力，就需要参加各种风格与形式的比赛。但是相比于到世界各地和不同打法与风格的人切磋，在国内扶持和培养各种打法，将世界上的各种流派融入"中国乒坛小世界"，无疑是一种更好的办法。这样就可以在训练馆中体验世界上的各种打法，进一步提升应对复杂打法的能力，使运动员建立自己的绝招，形成科学的打法体系，在比赛中克敌制胜。由此可见，"百花齐放，以我为主"的训练理念实效性很强。

2."三从一大"与特长突出的训练理念

(1) "三从一大"与特长突出的关系

具体来说，"三从一大"是指"从难、从严、从实战需要出发，科学地进行大运动量训练"的理念，其提出于20世纪60年代中期，在我国乒乓球运动训练中发挥了重要作用。在掌握基本的乒乓球技战术后，运动员还需要深入把握和反复训练关键技战术，努力将关键技术发展为自己的特长技术，并做到动作准确完美，利用其获得优异的比赛成绩，这就是特长突出。运动员只有不断培养自己的特长，精益求精，才能形成自己独特的风格，才能在比赛中获得更大的优势。我国乒乓球队之所以能够长期在世界乒坛上居于领先地位，一个重要原因就是拥有正手技术、"前三板"技术等特长。

要取得理想的训练效果和比赛成绩，技术全面与特长突出不可偏废，必须有机结合起来。技术全面是满足实战需要，更好地适应不断提高的乒乓球技术、不时转换的攻防矛盾、日益激烈的竞争对抗、交替循环的主动被动，更好地发展运动员整体水平的一项重要手段。过往的实践表明，缺乏全面技术的支撑，就容易被对手找到弱点并采取相应的措施，自身特长的发挥也会受到限制，不能起到应有的作用。

(2) 处理好各项与训练相关因素的关系

第一，要恰当处理技术训练与运动负荷之间的关系。作为一项技能类项目，乒乓球运动有着较高的灵敏性素质要求，所以在技术训练中要重视训练运动员神经肌肉系统的感觉，防止出现过度疲劳，对运动员的肌肉感觉产生负面影响。因而，运动员每日训练时间应为 5 h 左右，挥拍击球

3000~5000次,全年训练280天左右。总之,要在乒乓球技术训练中认真贯彻适宜负荷的原则。

第二,要恰当处理训练与比赛之间的关系。面对新形势下乒乓球训练与比赛的变化特点,调整训练模式以符合时代发展的要求。中国乒乓球队将以往的长周期训练改为短周期,一个重要原因就是为了更好地参与国际乒坛赛事。要从训练和比赛的一般规律出发,做到"从实战需要出发""赛练结合""以赛促练",以获得理想的训练效果。

第三,要恰当处理计划与市场的关系。乒乓球训练要形成集训多与集中少、竞争多与制定少、流动多与固定少的格局,以更好地发展乒乓球运动。

(二)技术训练的创新

事物的发展离不开创新,乒乓球技术训练自然也不例外。乒乓球运动员要依据实际情况,积极主动地创新技战术,这样才能适应乒乓球运动发展的要求。我国乒乓球技术训练的发展过程,实际上就是一个创新的过程。

1. 第1次创新

乒乓球技术的第1次创新出现在20世纪60年代,主要体现长胶球拍的运用上。使用长胶球拍削出的球在弹出时间、节奏、旋转速率、空间运行状态、撞拍、落台等方面变化较多,容易造成对手措手不及,出现失误。后来,长胶球拍为越来越多的运动员运用,并获得了较好的比赛成绩。

2. 第2次创新

乒乓球技术的第2次创新出现在20世纪70年代。当时西方的乒乓球运动员采用两面进攻结合拉弧圈球的新技术,中国乒乓球要想取胜,就必须实现"快、准、狠、变、转"。国家乒乓球队队员郗恩庭在总教练徐寅生的指导下,将自己擅长的直拍正胶快攻技术创新改为直拍反胶快攻结合弧圈球技术,并在1973年的世界乒乓球锦标赛上获得男子单打冠军,证明了这项创新的成功。

3. 第3次创新

乒乓球技术的第3次创新出现在20世纪90年代,主要体现在直拍反手背面攻技术的出现。西方乒乓球运动员日趋完善的横拍"两只手"让中国运动员曾经引以为傲的直拍"一只手"屡屡受挫,在1989年、1991年,中国乒乓球队两失斯韦思林杯。经过研究人员、教练员和运动员数年的研究实践,提出了直拍反手背面攻技术。当时的国家队队员刘国梁利用这一技术击败瑞典著名乒乓球运动员瓦尔德内尔,震惊了西方世界。这一创新技术的功能主要表现在 6 个方面,分别是反手接发球、拉打下旋球、弹击机会球、倒拍后正手可用反胶拉、反手背面发球、正手倒拍发球。

(三)拓展训练的创新

拓展训练这一新型模式在 20 世纪 90 年代开始在我国乒乓球训练中得到运用,并发挥了非常重要的作用。对于乒乓球训练水平不同的运动员,有针对性地选择拓展训练,将乒乓球训练和拓展训练进行有机结合,可以显著提高乒乓球训练的质量与效果。

## 第三节　乒乓球运动的创新教育理念

教师在长期的教学实践中通过理性思考和认真总结而产生的教学思想观念就是教育理念,它存在于所有学科的教学工作中,体育学科下的乒乓球教学自然也不例外。在乒乓球教育中,科学合理的教育理念可以为乒乓球教学工作的开展指明正确的方向,提高乒乓球教学效果,使越来越多的人参与到乒乓球运动中来。而陈旧的、呆板的教育理念则会对乒乓球教育事业的发展产生阻碍作用。因此,创新乒乓球教育理念,是乒乓球教学和训练创新发展的必然要求。

由于乒乓球运动在我国有着良好的群众基础,加之我国教育改革的不断深化,乒乓球运动教学可以说发展迅速。这也对教学管理者与体育教师提出了依据现代乒乓球教学实际,借鉴吸收先进的教育理念,积极探索适应于当前体育教学改革发展的乒乓球教育新理念的要求。本书认为,目前新型的乒乓球教育理念主要包括健康教育理念、快乐教育理念、合作教育理念、成功教育理念、创新教育理念 5 类,它们对乒乓球教学活动的发展有着积极的指导作用。

### 一、健康教育理念

学校教育的目的是为了实现学生德智体美劳的全面协调发展,而排在第一位的就是身心健康素质。1999 年,党中央和国务院就提出了"学校教育要树立健康第一的指导思想",为学生参加体育运动提供时间和场所。当前我国社会在快速发展的同时,社会压力也越来越大,这就更需要每位社会成员有良好的身体水平去迎接挑战。增强学生体质、促进学生健康,是学校体育工作开展的基本依据和担负的重要任务,教师对学生健康的积极意义要有充分认识。

乒乓球运动是学生喜闻乐见的一项体育运动项目,也应确立"健康第一"的教育理念。在设置乒乓球教学课程结构的时候,不仅要有乒乓球的基础知识、技能、行为、情感等内容,还要融入生理、心理、运动、安全、营养及其他相关学科的知识,积极引导学生养成自觉参加身体锻炼的好习惯,为学生的健康发展提供保障。

## 二、快乐教育理念

快乐教育理念是指在乒乓球教学中深度挖掘乒乓球运动中的快乐,使学生切实感受到乐趣,从而激发学生参与乒乓球运动的积极性,是乒乓球教育理念创新的一个重要方面。快乐教育理念从情感着手,"寓教于乐"是快乐教育理念的本质特点。具体来说,第一,快乐教育使学生在乒乓球运动中不仅锻炼了身体,而且感受到快乐;第二,快乐教育使学生在乒乓球比赛中感受到兴奋与刺激,激发他们参与乒乓球运动的兴趣;第三,快乐教育使学生在乒乓球运动中感受到被理解与尊重,进而学会理解、尊重对手,体会到团结合作的快乐。

在乒乓球教学中落实快乐教育理念,首先,要充分发挥学生的主体地位。乒乓球教学要给学生充足的自主选择、锻炼、评价空间,调动学生学习热情。其次,合理安排乒乓球课程内容。可采取"软式化"法或组合法使枯燥乏味的基本技术动作教学变得更为有趣。"软式化"法是指将复杂的动作分解为简单的动作,组合法是指将单一的动作进行组合处理。还可以播放视频给学生观看,教师在旁边讲解,使学生在轻松的教学环境中掌握动作技术。再次,培养学生的乒乓球技术、战术意识。例如,传授学生怎样对乒乓球的飞行轨迹做出正确判断的同时,还要让学生仔细观察分析各种球的飞行路线。最后,创新教学方法与考核评价方式。教师可采用多媒体演示法、挂图法等生动形象的方式使抽象的知识具体化,提高学生的求知欲望。采用多元化的考核方式,注重学习过程和学习效果的评价。

## 三、合作教育理念

传统的教学方式比较单一,忽视了师生间的人际关系,合作教育理念的提出可以有效解决这一问题。合作教育理念主张构建和谐平等的师生关系,改革传统的师生关系,目的是充实传统教育理论的不足,营造更恰当的、更好的新型师生关系,是社会发展与科技进步的必然产物,有利于促进乒乓球教学的开展。

在乒乓球教学过程中,合作教育理念要求教师充分发挥主导作用,以学生为教学的主体和中心,教师的主导作用和学生的主体作用相辅相成。教师要充分尊重学生的尊严、人格与价值,发扬学生的个性,激发学生的潜能,引导学生主动参与乒乓球训练,而非强制性的命令。合作教育理念提倡建立民主、平等、和谐的课堂环境,以达到良好的教学效果。合作教育理念的应用主要体现在合理分组,制定合理的合作教学目标,设计科学的教学情境,培养学生的合作意识,建立有效的信息反馈机制等方面[①]。

### 四、成功教育理念

当前社会越来越重视人才各项素质的全面发展,因而有关学者研究提出了成功教育理念,以适应社会发展变化。这一教育理念可以指导学生提高自身的社会适应能力,实现全面发展。

在乒乓球教学中,成功教育理念是一种创新性的教学观念突破,是摆脱传统体育教学思想束缚的尝试,尤其是在新课程改革发展的背景下,建立新理念,以实现"应试教育"向"素质教育"的转化。成功教育理念实施的对象是所有师生,运用这一理念提高学生学习的积极性。

### 五、创新教育理念

现代社会呈现多元化的发展趋势,在发展过程中,不进步就意味着退步,因此,必须不断进行创新。目前,世界各国越来越关注和重视创新教育理念,创新型人才是社会发展的重要人力资源。在乒乓球教学中贯彻创新教育理念,可以保证乒乓球教学思想、方式、手段走在时代的前沿。创新教育理念强调大力培养学生的创新精神和创造性,提高学生的创新能力,促进学生个体性和创造性的发挥。

---

① 聂林山.合作学习法在高校乒乓球教学中的应用[J].铁岭:辽宁师专学报(自然科学版),2016,18(1):59-62.

# 第六章 乒乓球运动常见损伤及预防探究

> 乒乓球运动作为我国的国球,在我国有着十分重要的地位和影响。虽然相对于其他运动来讲,乒乓球运动的对抗小,但在实际的训练和比赛中,运动员也是很容易受伤的。本章主要是关于乒乓球运动中常见损伤和预防措施等内容的阐述,希望通过介绍,让人们对乒乓球运动中的常见损伤及预防措施有一定的了解,从而减少损伤的发生。

## 第一节 乒乓球运动损伤的概念、分类与特点

要预防运动损伤,首先要对运动损伤的相关情况有一个简单的了解。本节主要是对乒乓球运动损伤的概念、分类和特点等内容进行详细介绍。

### 一、乒乓球运动损伤的定义

乒乓球运动损伤指的是运动员在乒乓球体育运动过程中出现的各种受伤情况的总称。运动受伤的发生是与运动训练安排、训练水平、运动环境与条件等因素息息相关的。对于乒乓球运动员来讲,运动损伤不仅影响着运动员自身真实水平的发挥,也影响着运动员的比赛成绩,还影响着运动员自身的身体健康。所以,在乒乓球运动训练与比赛过程中,运动员应对乒乓球运动损伤加强重视,并针对各种损伤风险做好防护工作,尽量避免出现受伤。

### 二、乒乓球运动损伤的分类

乒乓球运动中的损伤,根据不同的标准有不同的分类。总地来讲,损伤分类主要有以下几种。

(一)根据损伤程度分类

轻度损伤:运动员受伤后不影响正常的训练和日常生活的一种比较轻微的损伤。
中度损伤:运动员受伤后不能进行日常训练,需要减少或停止训练的一种损伤。
重度损伤:不能正常活动,需要进行长时间修养甚至动手术治疗的一种损伤。

(二)根据皮肤或黏膜是否完整分类

闭合性损伤:受伤部位的皮肤或黏膜保持完整,没有创口,如挫伤、扭伤、关节脱位等。
开放性损伤:受伤部位的皮肤或黏膜破裂,创口与外界相通,有血液流出的各类损伤,如擦伤、割伤等。

(三)根据是否为技术损伤分类

运动技术损伤:主要与乒乓球运动各种技术特点相关的损伤。
非运动技术损伤:大多是因为训练中的一些意外而导致的受伤,如骨折、脱位、韧带拉伤等。

(四)根据损伤的组织结构分类

神经组织损伤:主要包括周围神经牵拉、压迫损伤等。
软组织损伤:主要包括皮肤、肌肉、韧带等损伤。
关节软骨损伤:主要包括关节软骨、骨骺软骨、创伤性关节病。
骨组织损伤:主要指的是疲劳骨折、疲劳性骨膜炎、撕脱骨折、螺旋骨折等各类损伤。
其他损伤:主要包括颅脑损伤、内脏器官损伤等。

## 三、乒乓球运动损伤的特点

乒乓球运动具有速度快、变化多、动作结构复杂的特点。在实际的比赛和训练中,运动员常常需要做出各种技术动作,虽然运动员的整体移动范围小,但各种技术动作十分复杂,受伤的概率很大。由于乒乓球运动的性质,乒乓球运动员中出现的损伤也是有一些特点的。

(一)乒乓球运动损伤的主要部位

关于乒乓球运动员的受伤部位和患病率,学者尚清华曾于2012年通过对国家乒乓球队80名乒乓球运动员的问卷调查,统计出各种疾病120例次,得到了一些详细数据,具体统计情况如表6-1所示。

表6-1 乒乓球运动损伤部位与患病率[①]

| 受伤部位 | 腰部 | 膝关节 | 肩关节 | 颈部 | 踝关节 | 手腕 | 其他 |
| --- | --- | --- | --- | --- | --- | --- | --- |
| 受伤人次 | 30 | 24 | 21 | 15 | 6 | 6 | 18 |
| 患病率(%) | 25.0 | 20.0 | 17.5 | 12.5 | 5.0 | 5.0 | 15.0 |

根据表6-1中的数据可知,腰部是乒乓球运动员最易受伤的部位,其余的依次是膝关节和肩关节、颈部、踝关节及手腕等。由此可以看出,运动员的损伤部位与乒乓球运动的特点及人体结构特征紧密相关。

腰部是乒乓球运动中最易受伤的部位,之所以是腰部,是由乒乓球运动的特征决定的。原因有以下几点:第一,在乒乓球运动中,运动员完成的每个技术动作都与腰部息息相关,不管是正反手发球,还是各种接球和抽球,都需要依靠腰部的力量。第二,在乒乓球运动中,为了更好地接球,运动员经常要保持身体前倾的状态,这时后背的棘上韧带始终保持着紧张状态,骶棘肌也一直处于收缩状态,再加上很多运动员在比赛结束后没有及时认真地放松腰骶部,导致腰部过度疲劳,久而久之就出现了损伤。第三,在比赛过程中,运用拉弧圈球技术的运动员在击球时两侧腰部肌肉没有保持一致,握拍手同侧腰部的肌肉负荷很大,而对侧肌肉处于松弛状态,由于腰部肌肉力量不平衡而会出现扭伤情况。

膝关节的损伤是仅次于腰部的另一个主要部位。乒乓球运动员出现膝关节损伤,也是与乒乓球运动的特点紧密相关的。在乒乓球运动中,由于快速移动的需要,其膝关节始终处于半屈位状态,由于不能依靠骨性结构稳定,而只能靠肌肉韧带固定,所以使得关节处于一个不稳定的状态,膝关节在半屈状态下的发力、扭转等都会让膝关节软骨承受很大的压力。在实际的训练和比赛中,运动员需要不停地跑动,击球时身体重心也在不停地转换,腿部不停地做内、外旋,膝关节也一直承受着巨大的压力,所以,一旦稍不注意,膝关节很容易出现损伤。

---

① 尚清华.中国优秀乒乓球运动员运动损伤特点分析[J].成都体育学院学报,2012(5):83-86.

在乒乓球运动中,肩关节也是一个很容易受伤的部位。人体的肩关节是由肱骨头与肩胛骨的关节盂构成的,是典型的球窝关节。作为全身最灵活的球窝关节,肩关节可做各种旋转运动。但是,由于关节头与关节窝的面积差度大,关节具有囊薄而松弛等结构特征。也正是如此,肩关节做各种运动时,十分容易受伤。乒乓球运动员肩关节损伤主要发生在他们大力扣杀击球方面,击球时他们右腿用力蹬地、转腰,上臂带动前臂由后下方向前上方挥动,在克服阻力或身体移动的过程中,上肢各个关节依次加速和制动,导致末端环节形成了较大速度的动作。因为肩关节反复旋转和常常做出各种超负荷的转动和动作,使得肩袖、肱骨大小结节及肩峰之间反复产生摩擦和挤压,导致肩关节出现损伤。

(二)乒乓球运动的损伤病种及患病率

关于乒乓球运动中运动员的受伤病种,不同学者在做了深入细致的调查之后,提出了自己的意见,如表6-2所示。

表6-2 乒乓球运动的损伤主要病种

| 调研学者 | 主要病种 |
| --- | --- |
| 庞立杰 | 肩袖损伤、腰椎间盘突出、膝关节软骨损伤、大腿肌肉拉伤、踝韧带损伤、肱骨外上髁炎 |
| 尚清华 | 肩袖损伤、腰肌劳损、腰椎间盘突出、腰背肌筋膜炎、项韧带损伤 |
| 华一中 | 腰椎间盘突出、跟骨挫伤、肌肉拉伤、膝关节软骨损伤等 |

通过表6-2结果可知,肩袖损伤、肌肉拉伤、腰椎间盘突出、膝关节软骨损伤等是乒乓球运动中常发疾病。除此之外,膝关节扭伤、踝关节扭伤、腰扭伤等疾病也十分常见。对于运动员而言,深入了解各种易发生病种,在比赛和训练过程中做好防范措施,对于减少或避免乒乓球运动损伤有着重要的作用。

(三)不同类别运动员的损伤情况分析

从整体上讲,乒乓球运动员可分为3个群体:专业运动员、体院专项运动员和少儿体校运动员。由于这几个群体在训练水平、状况、身体技能及环境等方面的不同,他们出现损伤的情况是有一些差异的。

对于乒乓球专业运动员而言,他们的日常训练时间长、技战术难度大、负荷大,所以疲劳性受伤的概率也很大。同时,由于训练强度较大,他们的身体代谢旺盛,导致身体组织内会产生大量乳酸并堆积,不仅会让身体产生肌肉酸痛,还会导致身体韧带、肌肉、关节的伸展性、弹性和灵活性都受到一定程度的影响。如果在训练中不能科学安排负荷量,不能让身体得到充分放松,就很容易受伤。

各个体育学院中的专项运动员,他们训练时间相对短一些,技术难度、密度和强度也都比专业的运动员低。他们出现运动损伤主要是在训练中由于意外而导致的一些受伤,如擦伤、碰伤。还有一些是由于没有做好各项准备活动,导致出现的微小拉伤。

相比较于上述两个群体,少儿运动员训练的强度和时间都不大,而且他们正处于身体成长发展阶段,身体运动产物代谢转换快、疲劳易恢复,不过肌肉耐力会差一些。少儿运动员训练的主要内容是一些基本技术动作,主要是进行不间断的重复练习,这种训练在一定程度会导致身体局部负担过重而受伤。例如,运动员在练习抽球技术时,需要反复甩手臂,一个技术动作可能要练习几十分钟甚至更长的时间,这会导致肩关节负荷重而出现损伤。

(四)乒乓球不同打法与运动损伤的关系

随着时代的发展,随着乒乓球运动技术的不断进步,各种新技术被开发出来,在提高运动员技术水平方面发挥了重大的作用。但从另一方面来讲,各种技术的进步,带来的是运动员受伤风险的增加,尤其是各种高难度技术动作的产生和应用,使得运动员需要做出各种危险动作。总的来讲,乒乓球运动的打法可归纳为3种:弧圈型、削球型、快攻型。这3种打法各有各的特点。关于不同打法与运动受伤之间的关系,学者张辉曾对50名乒乓球运动员做了详细调查,得出了一些数据结果,详细的数据统计如表6-3所示。

表6-3 乒乓球运动员不同打法的运动损伤部位及患病率

| 打法类型 | 损伤部位 | 患病率(%) |
| --- | --- | --- |
| 弧圈型打法 | 肩部、腰部 | 39.00 |
| 削球型打法 | 腰骶、膝部 | 37.10 |
| 快攻型打法 | 肩部、腕部 | 23.43 |

1.弧圈型打法

运动员运用这一打法击球时,大多距球台较远,且击球时多采用摩擦式的击球方式,击球时尽量大幅度地引拍,目的是增加击球时的力矩,达到加强球旋转的目的。而弧圈型打法最容易产生的损伤主要是上肢和躯干,主要集中在肩部和腰部。运动员打出弧圈球质量的高低主要取决于腰部力量的大小,如果球员握拍手一侧的腰部肌肉力量太小或伸展性较差,那么其出现扭伤的概率就较大。运动员拉弧圈球正手发力时,挥拍的路径大致是一条从右后下方到左前上方的内弧线,挥臂时一般是以肩关节为轴,以大臂带动小臂,动作幅度适中。所以,击打弧圈球时,肩关节的负担比较重,这也是肩部受伤的主要原因。

2.削球型打法

削球型打法是运动员常用的一种主要打法。运动员选择该打法时,所使用的球拍比较特殊,需要较大的底板板面,正手多为弹性好、胶皮软的反胶,反手多为长胶。一般来讲,运用这种打法的多是高水平的运动员,因为使用正手可拉可削,使用反手可拱可削,能够选择的技术种类很多,也能够更好地应对各种来球。这种打法的运动损伤主要是躯干和下肢,集中在腰骶部和膝关节处。因为在乒乓球比赛中,膝关节始终处于半蹲状态,比赛过程中需要持续不间断地跑动,使得膝关节的负担很重,如果稍不注意就会发生意外。而且,运动员在击球过程中还要经常通过转腰来获得回击球的时间和空间,这时如果腰部的柔韧不好就会出现损伤。

3.快攻型打法

运动员采用快攻型打法时,离球台的距离较近,主要采用撞击式的击球方式来打球,打球时引拍动作较小,击球时需要夹紧大臂,利用腰部转体的力量去击球。快攻型打法顾名思义即注重打球的速度,击球一瞬间正确把握来球的旋转,如果上旋较强则需压拍,如果下旋较强需立拍。快攻型打法的运动损伤主要是上肢,集中在肩部和腕部,因为该打法的主要技术是正手攻球和反手推挡。运动员在运用该打法击球时,在扣杀球中需集中全身力量,通过臂、腕、手来击球,动作幅度大,对力量有很高的要求,整个手臂起到的是速度杠杆的作用,而击球时肩部承受着巨大的力量,稍不注意就会出现损伤。同时,因为手腕的活动范围小,如果腕关节灵活性不好或腕关节力量较差,出现损伤的概率也较大。

由上可知,弧圈型打法的损伤主要是躯干和上肢,集中在肩部和腰部;削球型打法的损伤主要是躯干和下肢,集中在腰骶部与膝关节;快攻型打法的损伤主要是上肢,集中在肩部和腕关节。所以,采取了不同打法类型的乒乓球运动员,应根据不同打法对不同部位的进行有效的保护,提升预防意识,采取合适的保护措施,避免出现损伤。

## 第二节 乒乓球运动损伤的原因与预防原则

在体育运动中,每个运动员都不希望受伤,采取了各种保护措施来避免自身受伤。要更好地避免受伤,就必须要对运动损伤的原因有一定的认识。同时,深入了解一些预防原则,这样才能最大限度地避免伤病。本节主要是关于乒乓球运动损伤的原因和预防原则的介绍。

### 一、乒乓球运动损伤的原因

乒乓球运动是一种小范围的对抗运动,在比赛过程中虽然没有激烈的身体对抗,但小范围内身体的快速移动也会对身体造成一定的冲击,如果负荷过大,就会对身体各关节部位造成极大损伤。在乒乓球运动的日常训练和比赛中,常见的损伤大都是软组织损伤,主要包括肌肉与韧带及相关组织等的拉伤与扭伤,此外也会出现擦伤、骨折等意外损伤。所以,对乒乓球运动产生运动损伤的原因进行深刻分析,寻找到真正损伤的原因并制定有效对策,对运动损伤的预防及后期的治疗工作是有着积极且重要的意义的。总地来讲,乒乓球运动损伤的原因可分为两大类:直接原因和潜在原因。下面,我们将分别对这两个方面进行详细介绍。

(一)乒乓球运动损伤的直接原因

乒乓球运动损伤的直接原因,如表6-4所示。

表6-4 乒乓球运动损伤的直接原因

| 损伤因素 | 具体原因 |
| --- | --- |
| 内部因素 | 运动员自身状态不好;缺乏运动自我保护意识和相关措施 |
| 外部因素 | 准备活动不充分;训练水平不够;违反科学训练原则;缺乏医务监督;气候环境与场地不佳 |

1.内部因素

(1)运动员自身状态不好

①身体因素。身体因素主要指的是运动员的自身情况。主要包括运动

员本身身体的肌肉力量、关节的灵活性、韧带的柔韧性,以及全身组织及内脏器官的良好性与协调性等。

②心理因素。心理因素指的是运动员的心理状态,主要包括各种心理活动,如精神是否紧张、内心是否焦虑、情绪是否良好等,这些因素都会影响运动员技术水平的发挥,也可能会导致运动损伤。例如,如果运动员在训练或比赛过程中内心紧张、焦虑、不安,就会影响到技术动作的施展,如果技术动作不到位,就有可能导致运动损伤。

(2)缺乏运动自我保护意识和相关措施

①自我保护的意识。在具体的训练和比赛中,运动员具有良好的自我保护意识是非常重要的,它能够让运动员做好保护措施,避免出现受伤。自我保护意识是在运动员训练与比赛过程中逐渐形成的,是运动员应该具备的最基本的常识。保护意识不仅是保护自身,也是对自己所在球队和国家负责的表现。

②自我保护的动作。自我保护的动作是运动员在日常的训练和比赛中通过长期的积累,根据运动特点和规律,而逐渐摸索出来的一套保护自己身体的技术动作。在乒乓球运动中,运动员具有良好的保护动作是重要的,有助于减少或避免严重意外损伤的发生。

③自我保护的护具。护具能够对人体的关节、软骨、肌肉等进行固定保护或支撑,防止运动员做出超负荷运动对自身身体造成严重损害。当前,在各种训练和比赛中,运动员一般都会选择各种护具来保护自己,从而避免自身受到损害。

2.外部因素

(1)准备活动不充分

准备活动指的是在运动前,为快速进入比赛或运动状态、克服身体器官生理惰性,同时预防运动创伤而进行的一种适度的身体练习,为即将开始的激烈运动做准备。准备活动的生理作用表述为:使身体体温升高,提高身体内酶的活性和骨骼肌的代谢过程;使肌肉中的毛细血管扩张,让肌肉获得更多的氧气和营养物质,防止运动损伤;提高身体温度,缩短神经的反射时间,加快肌肉收缩的速度。

在正式活动或比赛前,运动员应做一些合理的准备活动,切记不能随心所欲,做出一些不合理的运动,不仅影响身体状态,还可能造成严重伤害。常见的不合理的准备情况主要有几种。第一,准备活动敷衍了事,没有认真准备,导致身体肌肉没有活动开,仍处于僵硬状态,然后突然进入正式比赛中,运动负荷突然加大,很容易出现拉伤等情况。第二,准备活动量过大,一些运动员在做准备活动时,担心活动不充分,以至于做了大量的运动,引起肌肉疲劳,而当正式进入比赛中时,很容易出现疲劳性损伤。第三,准备活动不合理,运动员做一些准备活动时,没有与实际相符合,没有根据实际情况选择合适的准备活动,导致身体主要部位机能未被激活,从而导致损伤。

(2) 训练水平不够

训练水平包括 4 项内容:身体素质训练、专项技术训练、战略战术训练和心理素质训练。

①身体训练不足。身体训练的内容主要包括力量、速度、耐力、灵敏度等。如果运动员训练不足,就无法拥有良好的身体素质,自然也就更加容易受伤。

②专项技术训练不够。运动员如果对于一些主要技术要领掌握不好,导致技术动作不规范或存在错误,就可能会违反乒乓球运动技能特点和身体解剖结构,也容易出现运动损伤。

③战略战术训练不足。运动中一些损伤很多都是因战术训练不足引起的。战略战术训练是运动员在各种技术基础上所体现出来的应对对手击球的一种综合的能力训练,如果训练不足,运动员容易在比赛中因动作技术不协调而出现受伤。

④心理素质训练不足。良好的心理素质指的是运动员在训练和比赛中表现出来的意志品质、精神风貌等,心理素质是获得良好成绩的重要保证。心理素质不高的运动员也容易发生运动损伤。

综上所述,训练水平不足是运动员出现运动损伤的主要原因。要想远离伤病,就要合理安排训练,提升自身的身体素质,这样才能有效减少运动损伤的发生。

(3) 违反科学训练原则

科学的训练有助于提升运动员的身体素质,提高运动员的技术水平。但是如果训练违反了科学训练的原则,不仅不会取得良好的效果,还会对身体造成损伤。所以,运动员在运动训练中必须要遵循运动规律,遵循循序渐进原则、系统原则、巩固原则、个体化原则等,减少或避免训练过程中的运动损伤。

(4) 缺乏医务监督

运动员在训练或比赛期间,时时进行医务监督是非常必要的。在训练时,队医应对运动员的身体状况时时进行评估,如果发现身体部位存在伤病隐患或一些不适宜训练的情况,则可适当减少或停止训练,并及时治疗。同时,运动员也要加强对自身身体状态的了解,及时处理运动疲劳,配合治疗与康复。在现实生活中,医务监督体系的不完整和缺失是导致运动员运动损伤发生的重要原因。在日常的训练中,医务监督普遍缺乏,没有对运动员定期进行体检,导致运动员对自身的实际情况不了解,从而使运动员在训练过程中没有做好预防工作,出现了运动损伤。

(5)气候环境与场地不佳

①气候环境因素。气候环境因素对运动员的训练也是有着重要影响的。例如,在炎热的环境下,运动员训练会大量出汗,导致身体流失大量的水分及盐分,如果不及时补充,则容易出现四肢抽搐,进而出现损伤;而在寒冷的天气中,人的肌肉僵硬,不容易活动开,动作的协调性会下降,也更容易出现受伤。

②场地装备因素。场地装备因素与运动损伤也息息相关。如果场地的地面过硬,容易导致关节韧带受损;如果场地上有大量的水,容易滑倒致踝膝关节扭伤;如果鞋底吸震力差,下肢承受的下压力增大,膝关节、韧带容易受伤。

(二)乒乓球运动损伤的潜在原因

从生理结构角度来讲,人体的一些部位存在着一些弱点,当运动员在比赛和训练中使用一些高难度的技术动作时,这些弱点就会被放大,使运动员出现较大的伤病隐患。这些因素就是潜在原因。在一定因素的影响下,潜在原因就会转化为致伤原因。总地来讲,乒乓球运动中运动损伤的潜在原因主要有以下几个方面。

1.乒乓球技术对运动损伤的影响

乒乓球运动是一项移动迅速、变化快、技术多样的运动,当运动员在比赛过程中运用各种技术击球时,都会对身体结构造成一定影响,如果某部位因负荷过重而疲劳时,就有损伤风险。

乒乓球运动中的技术动作是多种多样的,包括步法、打法和全身各部位之间的协调动作。具体来讲,步法主要指的是身体下肢及脚步的移动情况,这主要与髋、膝、踝等各个关节息息相关;打法指的是各种击球动作,如扣杀、推挡、提拉、削球等,其主要与肩、肘、腕关节的柔韧性和肌力有关;全身协调动作,主要指的是身体各个部位左右摆动时的柔软性、力度及身体平衡的功能。所以,乒乓球运动损伤主要部位是腰部、肩部和膝部。在日常训练中,运动员必须要注意做好防护工作。

2.人体解剖生理学特点对运动损伤的影响

从人体解剖生理学的角度来讲,人身体的一些组织本身比较薄弱,并位于特殊位置,在人体产生运动时容易与其他组织形成摩擦和挤压,进而出现损伤。如肩关节,在组织结构中比较薄弱,对外部的抗力相对较差,如果受到强大外力的影响就容易发生损害。再如踝关节,运动过程中要承受极大的身体重量,同时要受到外部扭力的影响,一旦外力过大,很容易受到损伤。

总地来讲,乒乓球运动自身的技术特点,以及人体结构的脆弱性,使得乒乓球运动中的运动损伤具有一定的特点和规律,对于人们来讲,掌握这些特点和规律,对于乒乓球运动损伤的防护、诊断与治疗及康复是有着积极作用的。

## 二、乒乓球运动损伤的预防原则

虽然每个运动员都不愿意与伤病打交道,但乒乓球运动中出现损伤是十分常见的。在日常的训练或比赛中,做好伤病预防是乒乓球运动员一项很重要的工作。而要预防运动损伤,就必须要对损伤原因有充分的了解,针对伤病原因总结经验教训,掌握运动损伤的规律和预防的原则,并采取预防措施,制定出合理的预防计划,最大限度地避免损伤。在预防伤病时,常见的预防原则有以下几种。

### (一)保持身体的良好状态

在训练和比赛中,保持良好的身体状态是预防伤病的最佳方式。运动员只有保持良好的身体,才能提升身体各项机能,才能更好地避免伤病。具体的身体状态的调节方法有:加强自身力量、耐力、柔韧、速度等基本素质的训练,全面提升身体机能;提高运动员的自我防护意识;调整训练和比赛的心态。

### (二)重视运动前的准备活动和运动后的整理活动

1.准备运动

运动员在训练和比赛前进行一些准备活动是十分必要的,不但能够将身体活动开来,提升各项器官的活力,使其尽快进入最佳状态,而且还可在一定程度上减轻比赛过程中的紧张感,调整好情绪。如果运动员的身体各项技能没有能够充分调动起来,身体状态也没有达到最好状态,是非常容易出现损伤的。

所以,在训练或比赛开始前,运动员必须都要进行一些准备活动,做一些与训练和比赛内容相关的活动。准备活动分为两类:一般准备活动和专项准备活动。乒乓球运动员不仅要进行一般准备活动,也要进行一些专项准备活动。一般而言,运动员首先进行一般准备活动,然后再进行专项准备活动。

2.整理运动

整理运动,也称为放松活动,是运动员在进行了高强度的训练和比赛之后所做出的一些缓解疲劳、恢复身体状态的活动。从实际效果来看,整理运动与准备活动一样,都具有非常重要的作用。整理运动主要包括慢跑和各种牵引、拉伸活动。例如,在高强度的比赛后做一些整理活动,如在高强度运动后进行慢跑,可使呼吸系统保持较高的活动状态,进一步补充消耗的高氧量,也能够促进血液循环,加快代谢过程,有利于氧的交换和代谢产物的排出。运动后再做一些伸展运动,可使肌肉放松,缓解局部疲劳,对预防运动损伤有着重要的作用。

(三)提高运动训练的专业水平

如果一个乒乓球运动员的专业水平不高,那么其在训练和比赛中受伤的概率就更大。例如,运动员身体素质不良、技战术水平不高、心理素质不稳定,那么其在激烈的训练和比赛中就更容易失手,出现意外情况,导致出现运动损伤。所以,在预防运动损伤方面,提升运动员的专业素质是非常重要的。提升专业素质就要加强专项素质的练习。针对容易出现损伤的肌肉群、关节等部位,加强力量和灵活性训练。同时了解身体结构、技能特点,把握运动生物力学原理,提高战术应用的综合能力,培养乒乓球运动员坚强的意志品质、顽强精神,从而最大限度地避免运动损伤。所以,从一定意义上来讲,加强和提高乒乓球运动训练的专业水平对预防运动损伤具有重大的作用。

(四)遵循科学合理的运动训练原则

系统原则、循序渐进原则指的是运动员在训练和比赛过程中训练量、训练强度、训练水平,由简单到复杂、由低级到高级的一个循序渐进的过程。在运动训练中,运动员刚开始应进行一些简单的练习,训练强度也应控制在一个合适的范围,等熟练之后再进行一些高难度的动作,这样可减少运动损伤的发生。因此,应遵循训练过程的客观规律和科学的训练原则,有序、合理地进行锻炼。

(五)加强运动医务监督

运动医务监督是预防运动员运动损伤的重要措施,它的内容主要包括

2个方面:定期检查和自我监督。

1.定期检查

定期检查运动员身体是预防运动员伤病的主要措施。因为运动员每天的训练量是很大的,有时候训练过程中出现了伤病隐患,可能运动员自身都不知道。因此,通过定期体检可以及时发现运动员一些潜在伤病隐患,并进行及时的治疗。

2.自我监督

自我监督是运动员在训练或比赛的过程中对自身身体状况进行检查的一种方式,也是有效预防运动损伤的重要方式。在日常的训练和比赛中,如果运动员做出了一些高难度的动作或出现了一些不适后,要及时进行缓解,如果感觉严重就要及时就医,进行检查,如果有问题就要及时治疗,从而确保身体状况的良好。

(六)建立综合协调体系

运动员的伤病预防不仅仅与运动员息息相关,也与教练员、医务人员等有着密切关系。具体来讲,教练员应当具有科学的训练知识,能够深入了解运动员的负荷量,对运动员的身体状况和心理状况进行科学把握,并为每个人都制定合适的训练强度和训练量。运动员在运动的过程中,要有自我保护的意识,根据自己的状态采取合适的训练方式,并且在训练的过程中与教练员认真沟通交流,商量一个合适的计划。同时,训练中还要充分发挥体能教练和队医的作用,认真听取他们的意见和建议,避免损伤的发生,从而延长运动员的职业生涯。

综上所述,良好的运动损伤预防工作是保护运动员健康、提升运动员成绩的重要措施。人们深刻认识到预防运动损伤的重要价值,做好预防工作,对于减少或避免运动损伤的发生是有积极意义的。

## 第三节　乒乓球运动损伤的诊断

在体育运动训练中,受伤是十分常见的。运动员受伤后要进行有效治疗,就必须要有一个准确的诊断,如此才能对症下药。所以,正确诊断乒乓球运动损伤是进行有效治疗的基础。而要对运动损伤做出正确的诊断,就必须要对运动员的基本情况有一个详细的了解,包括运动员的身体状况、训练状况、是否有受伤史及受伤恢复情况等,只有对各种情况有一个比较深入的了解之后,才能做出正确的判断。本节就是关于运动员运动损伤诊断等内容的详细介绍。

## 一、乒乓球运动损伤的病史

（一）运动训练史

要了解运动员的伤病情况,就应当对运动员的训练史有所了解,即对运动员身体状况及运动员日常的训练量进行了解,看运动员日常的训练情况是否与运动员的身体状况相符合,如果负荷过大,导致经常出现疲劳性损伤,就要减少训练量,防止损伤的发生。

（二）过往受伤症状及处理情况

当运动员出现了受伤后,为能够做出正确的诊断,需要对运动员过往的受伤情况进行详细的了解,如运动员过往伤病的各种症状、病情发展、治疗过程、治疗效果、康复后情况等,从而为运动员本次治疗提供有益参考和借鉴。

## 二、乒乓球运动损伤的体格检查

（一）乒乓球运动损伤体格检查的原则

进行乒乓球运动损伤体格检查时,应注意几个原则。

1.按序检查

进行伤病检查时,医生一般要遵循望、触、动、量的顺序。具体来讲,医生要先对受伤部位进行简单查看,然后进行伤口的接触检查,随后通过运动员的移动情况,判断其受伤的实际程度,最后是借助各种仪器进行全方位测量。

2.进行健测对比

检查时要对损伤部位要一个整体的了解,为了更客观地进行了解,可与健康的测量结果进行对比,通过对比,更好地了解损伤部位的情况。

3.综合分析

通过全方位的检查之后,将运动员的伤病史、本次受伤的实际情况及身体情况等进行全面综合地分析,从而得到准确的诊断,然后制定出科学的治疗计划,方便之后的治疗安排。

### (二)乒乓球运动损伤体格检查的内容

乒乓球运动损伤体格检查的内容包含以下几个方面。

1.视诊

视诊即通过视觉观察伤员的大体情况,然后做出诊断的一种方式。视诊主要分为全身视诊和局部视诊两个方面。

(1)全身视诊。这是对运动员全身各个部位进行全面诊断的一种方式。检查包括人的行动、步态、坐卧等,根据运动员的全身情况来判断伤员的具体情况。

(2)局部视诊。即根据运动员的局部情况来判断运动员的伤病情况。局部情况主要有:①伤口情况。观察伤口的大小、形状、深浅等,判断运动损伤的性质和程度。②肿胀瘀血。运动损伤一般都会出现不同程度的肿胀,所以可根据肿胀的时间、程度对伤病进行判断。③形态。观察身体局部的形态是否发生了变化,以此来判断伤病情况。

2.触诊

触诊指的是通过手对运动员的触摸,从而进行检查的一种方法。因为运动员的损伤主要是骨骼、关节等方面的伤病,所以如果是关节错位、骨骼断裂,都可以通过触摸大致了解损伤的具体程度,做出初步的判断。触诊在乒乓球运动损伤的评估上具有重要的作用。

3.动诊

骨骼动诊是让患者按照要求进行动作,从动作的完成情况诊断是否患有骨骼疾病。例如,运动员在训练或比赛过程中出现了扭伤或拉伤情况,则医生可通过让运动员做相应的动作来判断伤病具体情况。

4.量诊

量诊是医生通过各种精密仪器对运动员的实际情况进行测量的一种方

式,通过测量,有助于医生更好地了解运动员的情况。例如,通过仪器对人体髋关节、踝关节、膝关节的情况进行测量,查看其各部位所能活动的具体范围,从而对身体状况做出科学判断。

## 三、乒乓球急性运动损伤的急性处理及治疗

(一)乒乓球急性运动损伤的概念

众所周知,乒乓球运动是一项十分激烈的运动。在训练或比赛中,运动员在一瞬间因强大外力而直接或间接形成的损伤,称为急性运动损伤。急性运动损伤产生时一般都伴有炎症反应,炎症反应会在第2天加重,并可能持续1周左右的时间。软组织损伤3天以内称为急性期,3天至2周期间为亚急性期。乒乓球运动中的急性运动损伤主要包括腰部扭伤、肌肉拉伤、踝关节扭伤等。

(二)乒乓球急性运动损伤的处理原则

1.保护

保护(protection)指的是在运动员出现运动损伤后的不同时期内对损伤部位所进行的一系列预防保护措施的总称。当运动员在训练和比赛过程中出现了受伤,如骨折,这时队医应尽快诊断病情,然后采取相关的保护措施,如简单固定,戴上护具,防止因路上颠簸而出现更严重的骨头错位情况。

2.加压包扎

当运动员在训练和比赛过程中出现了较大程度流血的运动损伤时,则可使用加压包扎(compression bandage)的方式进行治疗,该方式可增加组织压力,减少损伤部位的血流量。加压包扎可在冷疗后进行,包扎时应由受伤部位的远处向近处牢固包扎,包扎时每层绷带应部分重叠,保持合适的松紧度,避免因过松或过紧而没有发挥应有的效果。

3.抬高患肢

抬高患肢是一种针对肢体远端损伤的治疗方式,当运动员发生了运动损伤后,应在24~48 h内将患者的患肢放置在高于心脏水平的位置,这样可一定程度上减少血流量,加速静脉血和淋巴液的回流,从而减轻损伤部位的

肿胀和瘀血。一般而言,加压包扎与抬高患肢2种方式常常一起使用。

4.最适负荷

最适负荷(OL)指的是用一个平衡、递增负荷的康复训练计划来替代PRICE处理原则中的制动休息,这个康复训练计划中的各种训练有助于促进受伤部位的恢复。康复训练计划中包含了各种不同的康复技术,因为每一种损伤是不同的,所以康复计划也是不一样的。

5.冷疗

冷疗(ice)是处理急性闭合性软组织损伤的一种早期性的有效措施。在运动损伤发生的1~3天,通过进行冷疗,可有效收缩局部血管,减少出血和渗出,减轻炎症反应,并减轻因炎症而产生的疼痛和肿胀,降低组织的代谢率,减少对氧气的需求量。传统的冷疗方式是多种多样的,如局部冰袋、喷洒及冰浴等方法。具体的冷疗时间应根据损伤的实际状况而定,不过一般而言,损伤初期1~2 h进行一次,每次大约15 min,待到24 h之后,冷疗的频率可适当减少一些。冷疗的使用主要根据具体情况而定。

6.理疗

理疗(modality)也是运动损伤中常见的一种处理方式。当进行治疗时,如有必要进行理疗时可在医生的指导下使用。理疗一般多用超声波等手段,对于软组织挫伤和韧带拉伤等都有消肿、促愈合的作用。此外,肌肉内效贴的爪形贴扎法也是一种常用的有效方法,对于消除软组织水肿有非常好的疗效。

7.药物治疗

运动员产生运动急性损伤后往往会发生一些炎症,并伴随各种疼痛,这时可通过一些药物进行控制,控制住炎症后,疼痛状况就能得到一定程度的缓解。

# 第七章 乒乓球运动产业化探究

> 乒乓球运动在中国一直是个备受广大群众喜爱的热门运动,国内民众的参与度与竞技水平均处于世界领先地位,这和中国长期进行乒乓球运动的研究有着密切的联系,同时这也是中国乒乓球运动经久不衰的诀窍。国内乒乓球运动的高度发达也带动了相关产业化内容的蓬勃发展,其中最鲜明的就是这项运动已朝着商业化、职业化和市场化方向快速发展。本章就从这几个方面着手,展开分析和论述。

## 第一节 乒乓球运动商业化发展

以乒乓球运动为中心衍生出很多与其相关的商业活动,并提供了各种相关的产品与服务。这些产品与服务使得人们不管是参与还是欣赏乒乓球运动,均会产生一种更舒适、更精致的感觉。应当说,乒乓球运动的商业化,是该项运动发展到一定阶段的重要标志与必然产物。国际乒乓球联合会首席执行官史蒂夫·丹顿曾提到,乒乓球运动要生存和发展,就必须要融入更多的商业元素。他认为,乒乓球商业化已经对乒乓球运动带来了积极的影响。"在中国、日本和德国等乒乓球大国,商业化在乒乓球运动中的重要性不断上升。"这一趋势"对于乒乓球运动的有利因素是,很多人都多多少少打过乒乓球,每个人都了解这项运动。如果能够全面推向市场,对于这项运动和国际乒联来说,潜力是难以估量的。"[①]

### 一、乒乓球运动产品的发展综述

乒乓球运动最初传入中国是在1904年,当时正值晚清时期,上海一家

---

① 张晓军,朱宏业.国际乒联:乒乓球运动必须推广商业化[N].中国体育报,2017-07-05(2).

文具店的经理王道平在日本购买了一批乒乓球器材,并在国内对乒乓球运动进行普及与推广。但以当时人民的生活水平与历史背景,只有少数人才能够接触到此项新运动。因此,当时中国既没有意愿也没有能力生产与乒乓球运动相关的产品,此种状况一直持续到中华人民共和国成立以前。在中华人民共和国成立以后,陆续出现了一些乒乓球器材生产厂,其中颇具代表性的有广州"文联"、青岛"流星"、上海"顺风"等。

20世纪50年代,日本人发明了海绵。到了1959年,曾担任日本乒协副主席的施尾板弘又发明了反胶,在此基础上,日本乒乓球队创造了弧圈球打法。当时,因国际乒乓球联合会(简称ITTF)的规则还不健全,因此,所生产的胶皮颗粒长短和海绵厚度均未统一,并且形状也是各种各样。虽然当时制作的乒乓球产品都较为粗糙,但依然为此项运动的发展打下了一定的基础。

1959年,容国团在联邦德国多特蒙德举行的第25届世界乒乓球锦标赛中荣获男单冠军,为中国夺得世界体育比赛中第一个世界冠军,国人为之振奋。1961年,第26届世界乒乓球锦标赛在北京举行,当时党与国家领导人均对此极为重视。此次锦标赛包含纪念品在内的全部的设备与器材均是由红双喜器材公司所提供的。由此,打响了"红双喜"这个品牌。

20世纪60年代,傅其芳等从国外带回了一些知名的乒乓球常用器材(主要是胶皮),如日本的蝴蝶和亚萨卡等。但是,由于带回来的器材比较少,所以只能优先供给李富荣、徐寅生、庄则栋等当时国家队一线主力人员使用。在这种较差的经济物质状况下,因当时ITTF在胶皮方面尚未制定严格的规定,所以通常一线队员使用后的胶皮并不会被丢弃,而是将之留给二线队员继续将就着用。需要注意的是,在20世纪60年代,中国乒乓球界元老张燮林发明了驰名中外的长胶,并凭借自身独特的打法多次获得世界冠军。在退役以后,他还为乒乓球运动产品的发展做出了重要的贡献,主要体现在引进国外器材方面。

1972年,天津橡胶研究所成功研发出"729"反胶,当时的年产量约为5万张。由于当时中国对外交往并不频繁,国内乒乓球运动员参与国际竞赛的机会也比较少,因此,这就导致我国对日本人的弧圈球技术和欧洲的防弧胶皮并不十分了解。而"729"反胶的成功研发,既为改进乒乓球运动产品打下了坚实的基础,又极大促进了中国乒乓球技术的进步。

20世纪80年代初期,国内已然掀起改革开放的大潮,但是我国乒乓球运动员在应对弧圈球方面,仍未有较好的办法。基于此,中国开始尝试着将引进乒乓球器材当作突破口,特别是引进国外的胶皮,其中,STIGA系列是主要引进目标。1985年,担任STIGA公司副总裁的托马斯和中国队签约,以商业运作的方式为中国队提供底板,这就是后来的"阿瓦拉",当时这个商标是由中国体育服务公司注册的,品牌归中国所有。随后,中国体育服务公司解散,此品牌转由天津正大集团接管。

到了20世纪80年代中期之后,我国开始涌进大批外国品牌,这对于中国乒乓球器材,特别是胶皮与底板的发展具有积极的推动作用。如今,我国的胶皮与底板已经达到世界先进水平,特别是底板的精确度甚至已超过国外的产品。但有些地方仍需要进一步加强,例如,在海绵质量方面,国内仍处于积极探索阶段,与日本的先进技术相比,国产海绵的"发泡"技术还存在较大的差距。

目前,国内乒乓球器材的生产厂家主要为红双喜、双鱼、许绍发等。中国是一个拥有庞大人口数量的国家,因而在乒乓球运动上有着雄厚的群众基础,是国际方面公认的乒乓球最大消费市场。根据不完全统计,国内已经注册与没注册的生产厂家总数量已达100多家,各厂家以降低价格的方式来提高产品的市场占有率,这使得行业的利润空间变得极小,对中国乒乓球器材行业的发展起到了一定的阻碍作用。此外,与国际知名品牌相比,中国的器材在广告推广、品牌包装等方面也亟待提升,特别是在底板上,虽然质量相差不大,但由于没有品牌化及名牌优势,较之国外品牌而言,我国底板的市场占有率是极低的。当前,在世界乒乓球的底板中,最著名的直板是瑞典的STIGA,日本的蝴蝶则是最负盛名的横板,这2个品牌在国际乒乓球市场上占据着大半的市场。虽然我国在名牌效应与底板方面,还有着较大的问题,但在我国的器材中,球与球台则是十分出名的,并获得了国际的认可,在国内市场上有着绝对的优势,在世界乒乓球市场上也拥有一席之地。在第45、第46、第47届世界乒乓球锦标中,中国的双鱼和红双喜球台都被选为比赛球台,红双喜的"彩虹"系列更是获得了国际乒乓球联合会与广大教练员、运动员的一致称赞。

从以上我国乒乓球运动产品的发展情况来看,目前中国自主创新、自主研发的品牌还比较少,很大一部分品牌均是从国外引进来的,或是与他国合作研发的。如今,要求中国的器材生产厂家必须相互团结起来,向着品牌化、集团化的方向发展,研制出高质量、高标准的国产器材,进而获得民众的信任,缓解当前国内出现的盲目跟风国外品牌的现象。此外,还需大力支持民族工业的发展,为中国的乒乓球运动器材在国际上获得一席之位做出一定的贡献,并为中国器材市场创造出良好的发展形势。

## 二、乒乓球运动产品业内部存在的问题

立足于当前我国乒乓球运动产品的发展状况,我们不难看出,其产品业

内部还存在诸多问题,可将之概括为以下3个方面。

(一)社会责任感有待加强

乒乓球运动器材及其相关产品的发展已经历了价格和品质竞争等不同的阶段。如今,已进入到劳工标准竞争的时代,所以若想获得鲜明的竞争优势,就需要合理安排工作条件,进而构建和谐的劳资关系。乒乓球运动产品属于劳动密集型的体育用品业,良好的社会责任感对于乒乓球运动产品的发展具有积极的促进作用。因此,必须要重视社会责任感的增强和发展,进而牢牢掌握主动权。

(二)创新意识不够高

从目前的状况来看,我国的乒乓球运动产品并未通过自主创新而形成自己的特色,依然处于"模仿"、来料加工或出卖资源获得较低利润的阶段,这也就使得中国生产的大多数产品都未反映出本国特色,只是盲目地跟随国际知名品牌。造成此现象的最大因素就在于缺乏创新意识,无法较好地自主创新、自主研发具有自身特色的新产品,致使国内市场上只有较少的一部分自主研发的产品,这是制约中国乒乓球运动产品发展的主要原因,应当引起人们的广泛关注。

(三)品牌建设的基础较差

中国乒乓球在产品生产方面开始的较晚,投资于乒乓球产品研发上的资金也比较少,这就导致品牌建设的基础相对较差,阻碍和限制了乒乓球运动产品的建设和发展。由此我们可以得出,导致品牌建设基础较差的重要原因就是没有科学认识与了解品牌建设、资金不足、起步较晚等。此外,虽然中国自主研发的如双鱼、红双喜等品牌在国内甚至是在世界上都具有一定的影响和地位,但与国际上乒乓球产品制造大国相比,中国产品的影响力还十分有限。这有限的影响力所表现出来的直接反映就是连国内的乒乓球运动爱好者和运动员们都不将自己国家的产品当作第一选择。通过调查发现,绝大多数的运动员几乎都会将瑞典的斯蒂卡或日本的蝴蝶当作第一选择,只有少数人会选择729、红双喜等品牌。品牌价值的不认同,即使是在盲打测试中国产品和进口产品并未有较大差异的情况下,当表明品牌之后,人们依然会选择进口品牌。近年来,这一现象才有所好转,以729和红双喜为代表的国产乒乓球厂家已在品牌推广与技术方面有了较大的改进,人们也越发关注国产乒乓品牌的崛起,并积极尝试进行革新,取得了良好的效果。在此种形势下,国内其他一些乒乓球品牌如郗恩庭、拍里奥、世奥德等也开始在市场中占据一席之地。可见,若想改变当前国产乒乓球品牌竞争力低的现象,使品牌变得家喻户晓、深入人心,就需要不断增强产品的质量,同时还要加大宣传的力度,从而使国产乒乓球产品真正获得广大消费者的信赖。

### 三、乒乓球运动产品业可持续发展的对策

对于乒乓球运动产品业的发展情况及出现的问题,应根据实际条件,提出一些有针对性且有益于乒乓球运动产品发展的对策,再按照具体需要进行选择。

#### (一)培养新型的发展意识

人作为发展的主体,在其发展过程中一直居于主导地位,发展是为人服务的,其最终目的是使人民幸福安康。可持续发展涵盖的内容比较多,其中,最主要的是社会和经济方面的问题,只有整个社会共同参与,才能确保发展的可持续性。乒乓球产品的可持续发展,是对传统生产方式与消费方式的革新和转变。此外,还要重视培养人们的健康意识与环境意识,用可持续消费的思想改变和指导人们的生活方式,从而进一步加强人们的可持续发展意识。

#### (二)将人才培养和科技创新有机结合起来

影响乒乓球运动产品发展的因素有很多,其中,最主要的2个因素是科技与人才。

乒乓球运动产品的发展强调创新科技。目前,自主知识产权在乒乓球运动产品发展中居于绝对地位,因此,创建自己的研发中心和产品质量检验中心就成了未来乒乓球运动产品持续发展的一个关键环节,这对于促进乒乓球运动产品的不断升级换代具有积极的影响。此外,推动企业发展的重要手段,还涉及通过增强企业管理素质与塑造企业文化,充分发挥出人的能力与潜力,进而积极调动企业职工的积极性与主动性。

乒乓球运动产品的发展还要重视培养专业人才,有效加强管理的质量。决定着社会发展的力量是生产力,而人则是生产力中最活跃的因素。这就要求培养一批不但熟悉体育还熟悉经济与管理的专业人才,进而推动乒乓球运动产品的生产与销售不断向前发展。加强管理水平,以消费者的具体

情况为主要依据,开拓市场,将生产、销售与使用3个环节有机结合起来,不断研发出对乒乓球运动发展具有积极推动作用的高新产品。

(三)充分发挥行业与协会的协作价值

若想实现对乒乓球产品的健康持续发展产生积极的推动作用的目的,就必须做到如下几点。

第一,要进一步提高为企业服务的思想意识与手段,充分发挥政府和企业之间的桥梁纽带作用,对于体制改革具有积极作用,且有利于加强政策引导的力度。

第二,增强行业信息的收集工作和数据的统计整理,将国内外的最新动态及时传递给相关企业,从而为行业的发展和决策提供一定的信息支持。

第三,充分发挥各专业委员会的指导作用,增强行业自治,以有效避免无序竞争的现象。

第四,进一步完善产品的质量标准、安全标准和推广企业社会责任标准,促使各项标准尽快和世界接轨。

第五,充分发挥"体博会"的品牌效应,为企业建立良好的平台,对新产品开发具有积极的促进作用。

第六,积极促进国内外乒乓球运动产品业间的交流,提高乒乓球运动产品企业的合作与竞争,对经济资源优化组合起到积极的推动作用,使行业与企业的经济效益获得有效提升。

第七,对乒乓球运动产品的发展战略具有积极的推动作用,使得企业的国际竞争力得到有效提高。

## 第二节　乒乓球运动职业化发展

在乒乓球运动朝着高度社会化、职业化发展的今天,我国乒乓球能否拓宽国内外市场,适应市场经济发展的趋势,创建起以企业为主的、投资多元化的、股份制的各级乒乓球俱乐部是职业化的关键所在。

职业化是乒乓球运动的必然发展趋势,应该在机制上实行"产权明晰、权责明确、政企分开、管理科学"的原则,建设并大力发展各级职业乒乓球俱乐部。以企业为主的投资多元化股份制形式是职业乒乓球俱乐部的理想模式。在中国乒乓球协会的宏观调控下,职业乒乓球俱乐部应当创建符合职业乒乓球俱乐部发展的组织机构与管理体制,努力为乒乓球俱乐部的发展营造良好的外部环境,与此同时,中国乒乓球协会应当进一步完善各项规则制度、转会细则,推进多级别、多层次的联赛,改进赛制,开拓市场,不断推动我国乒乓球运动职业化的进程。

这里,笔者围绕乒乓球俱乐部的发展状况、类型及体制展开深入探讨,由此来剖析中国乒乓球运动在职业化发展过程中所存在的问题及相应的对策。

## 一、乒乓球俱乐部的发展概况

1994年,为了加快乒乓球改革的进程,国家体育总局乒羽管理中心决定不再实行以前的举国体制,而是提出了优秀运动员和俱乐部等多种形式并存的体制,也就是"双轨制"。该制度是中国社会渐进式改革的标志性思路。中国实行"双轨制"其实就是为了鼓励那些经济实力较为雄厚的个人或企事业单位投资注册成立乒乓球俱乐部,并逐步推广。

1995年12月10—13日,在广东顺德举办了第一届乒乓球俱乐部赛。此次比赛采用的就是"双轨制"的比赛方式,详细来讲,就是允许运动员以双重身份参与俱乐部比赛,既可代表省队、市队参加全国锦标赛、全运会等全国正式比赛,还可以代表某个企业参与比赛。也可以说,这是一次创新性的比赛方式。此外,还需注意的是,在这一次的比赛中,不管是一次性赛事的临时注册俱乐部,还是长久性的注册俱乐部均可参与比赛。在此次比赛中,参赛的共有19家俱乐部,男女各12支队伍,总参赛人员为65名。其中,正式注册的俱乐部只有4家。此次比赛结束以后,又有很多俱乐部申请加入这一项赛事中。从中我们不难看出,举办乒乓球俱乐部赛,在某种程度上推动了乒乓球俱乐部的发展。

1996年12月18—21日,在广东东莞长安镇举办了第2届乒乓球俱乐部赛。在此次比赛中,由于正式注册的俱乐部和临时注册的俱乐部一同参与比赛的公平性有待进一步商榷,对于临时一次性俱乐部组队参与比赛的情况,大赛给予了不允许的态度,这也就使得参与比赛的俱乐部仅有4家正式俱乐部。此次尴尬的局面,也激发了有关部门增强俱乐部改革的决心。各大俱乐部也纷纷提倡改革赛制,中国乒乓球协会与中央电视台联合推出了"CCTV杯"中国乒乓球擂台赛。1996年,首届中国乒乓球俱乐部超级联赛举行。1997年,开始推行俱乐部团体主客场制。伴随着我国乒乓球市场的逐渐开发和乒乓球赛制的不断改革,中国乒乓球俱乐部开始逐渐完善起来,发展速度也越来越快。

## 二、乒乓球俱乐部的类型及体制

中国乒乓球俱乐部的类型是多种多样,主要包括如下几种。

### (一)正规的乒乓球俱乐部

正规的乒乓球俱乐部指的是在工商行政管理部门进行过规范注册的,并且拥有注册资金、法人和董事会,根据企业的方式运作与经营的俱乐部。总地来说,这是一种完全意义上的俱乐部。如今,此种类型的乒乓球俱乐部还比较少,比较具有代表性的有至善栋梁乒乓球俱乐部、山东鲁能乒乓球俱乐部和安徽朗坤乒乓球俱乐部等。

### (二)联合经营的乒乓球俱乐部

联合经营的乒乓球俱乐部是由企业与体育事业单位(运动队)共同管理的,二者联合运作,以谋求共赢。其中,颇具代表性的俱乐部有四川升和药业俱乐部、上海圣雪绒俱乐部等。

### (三)单纯冠名赞助的乒乓球俱乐部

单纯冠名赞助的乒乓球俱乐部是由企业或独立经营单位赞助经费,来获得乒乓球俱乐部的冠名权,实际上并不参与俱乐部的管理,对俱乐部进行完全管理的是体育事业单位(运动队)。当前此种形式的乒乓球俱乐部在乒乓球市场中的数量是最多的。

### (四)民间商业乒乓球俱乐部

民间商业乒乓球俱乐部主要分布于全国各级基层行政区内(市、区、县)。具体来说,这类乒乓球俱乐部的主要功能和作用是对少年儿童进行培养或为成年人提供打乒乓球的收费赢利性场馆,除此以外,还兼营乒乓球服装、器材及其他相关产品的销售,这也是这类乒乓球俱乐部的主要功能之一。

## 三、乒乓球俱乐部发展存在的问题

近年来,中国乒乓球俱乐部的发展取得了一定的成效,与此同时,也逐渐暴露出了一些问题和不足之处,主要体现在如下几个方面。

## (一)管理的科学性较为欠缺

此处所讲的俱乐部管理模式主要涉及2个方面:一是俱乐部的管理模式不科学;二是对乒乓球运动员的管理方式不科学。

### 1.乒乓球俱乐部的管理模式不科学

目前,部分乒乓球俱乐部所运用的管理模式相对比较落后,具体表现为教练员所负责的工作比较多,既需要对训练与运动员的培养工作负责,还需要对开发市场、联系主场、招收运动员和发放运动员工资等工作负责。这不仅会对教练员的训练工作造成一定的影响,而且还会在一定限度上对乒乓球俱乐部的科学管理工作进行限制。所以,这就要求进一步改进与完善乒乓球俱乐部的管理模式。

### 2.俱乐部对乒乓球运动员的管理方式不科学

当前,我国乒羽中心对于乒乓球运动员实行的是"双轨制"的管理方式,详细来讲,就是有2个部门对运动员进行管理:一个是俱乐部企业式的管理,另一个是运动队的管理。在"双轨制"的管理方式下,运动员既可以代表俱乐部参加全国范围内俱乐部性质的比赛,还可以代表原属单位参加全国性的比赛。虽然此种方式能使各个方面的参赛利益都得到满足,但无法令人忽视的是,它也存在着俱乐部的权利较弱、责任不明、利益分配不均等重要问题,这在一定限度上制约了企业在俱乐部所处的地位及发挥的作用。

## (二)市场开发程度较低

在资金投入方面,乒乓球俱乐部与篮球、足球相比是比较少的,但是在市场前景与广告宣传效应方面拥有着独特的优势。中国对乒乓球的改革秉持谨慎的态度,究其根本主要反映在2个方面:其一,国人对乒乓球队的较高期望;其二,"双轨制"体制的制约。

具体在以下几个方面得到体现。

第一,俱乐部的投入和产出的合理性比较欠缺。

第二,产品的流通渠道不畅。

第三,回报率相对较低。

第四,运动员向俱乐部的产品及商品的转变尚未很好地完成。

第五,运动员的广告、肖像及转会产生的经济效益与俱乐部利益尚未实现真正的挂钩。

第六,没有充分表现出双赢机制。

第七,乒乓球市场运作空间相对较小等。

(三) 产权关系较为模糊

"壳资源"问题会对俱乐部产生极大的影响。换句话来讲就是,"壳资源"的问题在很大程度上会对乒乓球俱乐部的职业化进程起到积极的推动作用,与此同时,这也是真正独立法人俱乐部建立的必要条件。对乒乓球俱乐部的"壳资源",中国乒羽管理中心进行了相关的规定,即乒乓球俱乐部的"壳资源"由各省、各自治区、各直辖市的体育主管部门对赞助商进行择优录取,实际上就是谁出的钱多俱乐部就可能归谁。从目前的状况来说,一般情况下,企业和俱乐部都是一年一签约,这其实对于长远的规划是十分不利的。

此外,中国乒羽管理中心还颁布了《关于中国乒乓球超级俱乐部和中国乒乓球俱乐部超级联赛若干问题的规定》。在这一文件中也对"壳资源"问题进行了相关的阐述,既将超级俱乐部组建后即形成无形资产进行了明确,另外,还就俱乐部"壳资源"的归属问题提出了相应的要求。但是,协会既当运动员又当裁判员的矛盾问题仍旧存在,所以这就需要进一步解决"壳资源"问题,从而真正推动乒乓球俱乐部的良好发展。

(四) 赛事推广与包装缺乏创新性

中国对于乒乓球运动有着极高的关注度,而且伴随着乒乓球超级联赛竞赛体系的建立,再加上诸方的不懈努力,已逐渐探索出了一些和市场接轨的有效方法,但是,若是单单依靠这些是远远不够的,在此前提下进一步的改进与完善是十分必要的。由于许多乒乓球俱乐部无法将主场确定下来,因此,这就无法将与主场经营相关的业务纳入计划中去,更别提长久开展了。通常来讲,大多数的俱乐部都不注重推广俱乐部的赛事,他们认为这是没有必要的,是入不敷出的。所以,也就无法形成稳定的、具有特色的风格,如比赛主场的频繁更换,就极其不利于打造固定的主场观赛文化,更加不利于培养本队的球迷。不大力宣传乒乓球俱乐部的赛事,人们就无法对现场观看比赛产生深刻的认识,因而到现场观看比赛的欲望也就不会十分强烈,大多数人依然会选择通过电视来观看比赛。故而可以看出,将乒乓球运动的娱乐性质与乒乓球运动员的明星效应充分挖掘出来是极为重要且必要的。

### (五)相关法律法规建设不完善

目前,有关乒乓球俱乐部的法律法规的建设不完善、法规监督体系不健全。若想建立良好的适应乒乓球俱乐部生存与发展的外部环境,就必须让法律充分发挥其作用,约束与保障乒乓球俱乐部的健康有序发展。

### (六)俱乐部内部管理素质有待提高

乒乓球俱乐部的内部管理体系是确保俱乐部有效运行的关键。而若想建立科学高效的内部管理体系,这就要求管理者必须具备较高的管理能力和水平。然而近些年来,伴随着乒乓球运动的快速发展,市场对于乒乓球俱乐部提出了更高的要求,这也意味着乒乓球俱乐部的内部管理者要不断提升自身的素质,不断更新自身的观念,与时俱进,以保证俱乐部内部管理的科学性。否则,若是一味故步自封,就会与市场脱节,因无法满足人们的需求而被市场淘汰。

## 四、乒乓球俱乐部发展采取的措施

围绕中国乒乓球俱乐部发展过程中存在的问题,以及进一步推动乒乓球俱乐部的发展,在这里提出以下几项应对措施。

### (一)有针对性地完善管理体制

朝着职业化的方向发展是乒乓球俱乐部的一个重要的发展趋势,因此,创建真正意义上的职业俱乐部是极为重要且十分必要的,具体应当实行以下几项措施。

第一,实行总经理负责制,总经理对董事会负责,对各职能部门和球队进行统一管理。

第二,球队的训练和比赛管理均实行总教练负责制,总教练对总经理负责。

如今,中国乒乓球协会已经开始着手以现代企业制度的要求为主要根据,对当前采用的俱乐部体制进行深入改革,相信会在不久的未来取得理想的改革效果。

### (二)努力提升乒乓球俱乐部内部的管理水平

乒乓球俱乐部可持续发展的一个重要因素就是提升俱乐部管理者的素

质。俱乐部可以多招收专业体育管理方面的人才作为管理者,也可以让现有的管理阶层参加体育和管理等方面的培训,更好地培养出优秀的复合型管理人才。

(三)增加市场拓展和宣传工作

保证乒乓球俱乐部可持续发展的重要途径,就是进一步拓展乒乓球俱乐部的市场,若想做到这一点,需从以下几个方面着手。

第一,必须要对我国乒乓球队的各种利益进行充分的权衡与考量,并在这一前提下对国内人才市场进行积极的开发。另外,也要注意对国际人才市场的开发,但是必须要谨慎。

第二,若是条件比较成熟,在如此良好的条件下,乒乓球俱乐部可以依据实际状况有计划、有针对性地涉足商店、旅游和房地产等经营项目,从而进一步增强自身的造血功能。

第三,要对电视转播权、比赛广告、门票和制作纪念品等和乒乓球运动相关的经营项目进行大力开发。

第四,要将国内联赛与国内外其他比赛的时间协调好,从而使俱乐部赛的持续发展获得有力保证。

(四)加强俱乐部的相关法律建设

当前,中国的乒乓球俱乐部职业化还处于探索发展阶段,因此,需要建立与完善相关的法律法规体系,形成约束保障机制。针对目前乒乓球俱乐部有待解决的问题,需要制定一些关键性的法律法规,完善乒乓球市场的法治秩序,完善职业联赛的法规,做到有法可依、有章可循。

(五)加大制度建设的力度

俱乐部采用的制度有很多,要加大制度建设的力度,就需要从各个方面着手,进行全方面的建设。

第一,采用岗位竞争的用人机制。

第二,采用处于核心地位的聘任制与合同制。

第三,建立以成绩为核心、收入靠业绩的分配机制。

第四,建立全面的监督约束机制。

第五,量化考核标准,进行科学评价,采用奖罚分明的激励机制。

第六,采用以提升队伍整体水平、对重点队员的培养比较重视、实行科学训练与分管制为主要内容的训练机制。

(六)关注俱乐部文化建设

俱乐部所肩负的职责非常多,既要对运动员的训练负责,还要增强运动员的集体主义与爱国主义教育,重点培养运动员为国争光的精神与勇气,从而不断提高队伍的凝聚力。建立俱乐部赛制,使得教练员与运动员的经济条件得到了改善,但无法否认的是,这也产生了一些负面效应,这些负面效应会在一定程度上制约甚至阻碍俱乐部的发展。所以,这就要求俱乐部加强文化建设,积极帮助教练员与运动员调整心态,为正确抵御市场的种种冲击提供帮助。

## 第三节 乒乓球运动市场化发展

随着人民生活水平的提高和健身观念的进步,民间的乒乓球运动已由室外转向了室内,从分散性的随机活动发展为拥有专业指导能力的场馆健身方式,其有着明显的休闲与健身功能。笔者从乒乓球赛事方面入手,对其市场开发的背景和历程及赛事发展所采取的措施进行探讨与研究。

### 一、乒乓球赛事市场开发的背景分析

20世纪80年代初,我国乒乓球国家队总体上处于低潮期,尤其是男队更是陷入低谷。出现此种情况,很大一部分原因是由于我国乒乓球在技术打法上不够创新,技术特点几乎已经被外国选手摸透,并且尚未找到好的解决办法来应对欧洲弧圈球。此外,还有一个重要的原因,就是当时国内乒乓球运动员在情绪上和心理上普遍都出现了不稳定因素,情绪波动比较大,训练的积极性较低,造成此种现象的主要原因就在于当时国内与国外的训练环境、待遇和比赛条件等方面的差异。基于此种情况,中国乒乓球协会提出了"开发国内市场"的口号。中国乒乓球赛事市场开发由此开始进行。这也为开发我国乒乓球市场的潜力、开始中国乒乓球的市场运作提供了政策的保证与支持。

### 二、乒乓球赛事市场开发的历程

对于中国乒乓球赛事市场开发历程的分析,具体可从中国乒乓球俱乐部联赛、乒乓球擂台赛和商业性赛事3个方面着手。

(一)中国乒乓球俱乐部联赛

1."红双喜杯"中国乒乓球俱乐部联赛

1998年,我国乒乓球史上发生了一件大事,即"红双喜"中国乒乓球俱乐部联赛的举行,这标志着我国的乒乓球开始走上了职业化的道路。

2."阿尔卡特杯"中国乒乓球俱乐部联赛

1999年,阿尔卡特公司冠名的中国乒乓球俱乐部联赛的举行,在一定限度上促进了中国乒乓球运动赛事的发展。

3."鲁能杯"中国乒乓球超级联赛

从2000年至今,山东鲁能集团一直为中国乒乓球超级联赛提供赞助。此外,还将小西杏、佩尔森、波尔、朱世赫等世界级运动员吸引进来,为中国乒乓球运动的发展做出了巨大的贡献。同时,这也是中国乒乓球俱乐部联赛走向世界的重要标志。

(二)乒乓球擂台赛

乒乓球擂台赛包括多种具体的比赛,其中,较为重要的主要有如下几项赛事。

1.世界冠军挑战赛

1995年,世界冠军挑战赛以绍发公司的名义先后在我国大连、大庆、厦门和福州举办了4场擂台赛。当时邀请参加的重要人物有瑞典著名乒乓球运动员米凯尔·阿佩伊伦、简·诺瓦·瓦尔德内尔等。可以说,这是乒乓球商业比赛在中国的首次尝试,中国观众对此有着非常好的评价。这也标志着中国乒乓球市场开发已经迈出了第一步。

2."CCTV杯"擂台赛

1996年,"CCTV杯"乒乓球擂台赛首场比赛在北京大学打响,中央电视台为此次比赛投资了20 097元人民币,目的在于开拓乒乓球市场。从此之后每周举办一场,再到后来开始有厂家陆续为这一项赛事提供赞助。此时乒乓球运动赛事发展仍处于摸索阶段,市场的完善程度相对比较低。经过一年的时间,虽然经济收益不是十分明显,但却成功开启了乒乓球运动竞赛市场,并且积累了一定的经验,这就为进一步开发乒乓球市场创造了条件。

### 3. 爱立信擂台赛

1997年,爱立信公司以600万元人民币对擂台赛进行了冠名,全年总共举办了23场比赛。随后,爱立信公司又分别为1998年和1999年的乒乓球擂台赛提供了赞助,并获得了成功。于是在每周六的下午,许多观众都会聚到电视机前观看精彩的乒乓球擂台赛。由此不难看出,乒乓球市场的运作得到了顺利发展。

### 4. 长城汽车国际擂台赛

在2000—2001年,长城汽车国际乒乓球擂台赛举行得十分火热,备受广大观众的欢迎。

### 5. U17国际青少年擂台赛

2002年,在河南省焦作市举办U17国际青少年乒乓球擂台赛,此项赛事进一步扩大了乒乓球在青少年中的影响,既培养出了一批优秀的青少年选手,同时还对国际乒乓球运动的发展产生了积极的推动作用。当前,我国杰出乒乓球选手丁宁、日本选手福原爱都曾经参与过此项赛事。

### (三)商业性赛事

早在20世纪80年代,中国就曾经多次组织运动员参与国内外的商业性比赛。

1999年,北京三鼎体育有限责任公司成立,该公司的主要宗旨为开拓中国乒乓球的市场,并在青少年中积极推广乒乓球运动。现任三鼎体育用品公司董事长兼总经理的许绍发先生(中国乒乓球协会器材行业委员会秘书长)在这一工作中做出了极为重要的贡献。

2004年,通过和湖南卫视达成协议,中国乒协和国际乒联联合承办了"国球大典"乒乓球运动的推广活动。"国球大典"是湖南卫视创办的融娱乐性、观赏性、商业性为一体的乒乓球年末大赛,其意在为观众献上一场乒乓球的视觉盛宴。由于国际乒联曾有过推广比赛的经验,所以他们承办的这次活动十分成功。目前,此项推广性赛事已经成为国际乒坛"世界总冠军赛",并且成为国际乒乓球联合会重要的A级赛事。

2008年,"国球大典"依然由全民选拔赛、乒乓嘉年华活动与世界乒乓球总冠军赛散打主题活动组成。需要注意的是,在全民选拔赛中,主办方将乒乓海选的理念进一步创新,提出了"乒乓有天才"民间选拔乒乓好手的构想,并且将民间选拔打造成了无门槛的乒乓才艺秀。

2014年,"相约苏州世乒赛·李宁红双喜杯"乒乓球协会会员联赛在贵州省遵义市开展,总共设置了19站分站赛与一站总决赛,分别在国内20个省、自治区和直辖市举办。总决赛的地点设在2015年世乒赛举办城市——苏州,此种办赛方式十分契合"全民共享世乒赛"的口号。

2017年"丝路杯"中国东盟乒乓球赛于12月11—14日在广西壮族自治区百色靖西市举行。此项赛事由中国乒乓球协会、广西壮族自治区体育局和百色市人民政府联合主办,旨在响应国家"一带一路"重大倡议,发挥广西和东盟国家陆海相邻的独特优势,积极搭建中国和东盟10国文化交流的平台,通过乒乓球运动推动参赛国家之间的相互理解、凝聚共识与深化合作。

### 三、乒乓球赛事发展采取的措施

目前,竞技表演业的市场化发展力度进一步增大,比赛的项目与形式也日益丰富起来,这些均是完善体育赛事的要求,所以,若想使乒乓球运动赛事获得更好的发展,就必须与以上发展趋势相适应,从而将乒乓球运动打造成融合观赏性、竞技性和娱乐性于一体的发展型运动项目。详细来讲,可以运用的发展对策主要包括以下几个方面。

第一,建立健全乒乓球赛事市场运行机制,积极地积累和吸取各个项目的发展经验,从而不断提升赛事市场运营机制的管理水平,与此同时,还要重视对奖惩、分配、转会等机制的学习和运作的进一步增强。

第二,要解决好竞技体育国家目的的社会效益与专业运动队、俱乐部体制的经济效益相统一的问题,这会对乒乓球运动赛事的发展带来极为重要的影响。

第三,要进一步提升乒乓球赛事过程中的竞赛表演质量,要在确保电视转播解说的前提下,尝试进行现场解说,从而尽量做到将乒乓球运动技术透明化,如此可使业余爱好者更清楚明了地在现场观看比赛。

第四,进一步加强乒乓球赛事的传播力度。作为一种社会文化活动,体育运动和传播有着天然的联系,这是必然的。因此,每一项体育运动的开展,均和"广播"这一媒介有着无法分割的紧密联系,通过此媒介可对乒乓球赛事稳定、平衡和持续的发展产生积极的促进作用。

总而言之,我国乒乓球赛事的发展脚步不会停滞,今后的发展方向也势必会朝着更加规模化、完备化、商业化、娱乐化、市场化、职业化、社会化等方向全面发展,我国的乒乓球运动也必将会在21世纪取得更加辉煌的成就。

# 参考文献

[1] 吴健.乒乓球[M].北京:化学工业出版社,2012.
[2] 唐建军.乒乓球运动教程[M].北京:北京体育大学出版社,2005.
[3] 袁文惠.乒乓球教程[M].郑州:黄河水利出版社,2009.
[4] 曹青军.运动训练理论与实践[M].北京:北京理工大学出版社,2010.
[5] 王保成,王川.球类运动员体能训练理论与方法[M].北京:北京体育大学出版社,2005.
[6] 于少勇,赵志明.基础体能训练[M].北京:中国原子能出版社,2008.
[7] 吴成亮.高校乒乓球健身理论与实践研究[M].北京:中国纺织出版社,2016.
[8] 张英波.现代体能训练方法[M].北京:北京体育大学出版社,2006.
[9] 张钧,张蕴琨.运动营养学[M].北京:高等教育出版社,2006.
[10] 杨翼,李章华.运动性疲劳与防治[M].北京:北京体育大学出版社,2008.
[11] 邹克扬,贾敏.运动医学[M].北京:北京师范大学出版社,2010.
[12] 韩志忠.乒乓球教学、训练、竞赛与科研[M].北京:人民体育出版社,2006.
[13] 程序.乒乓球理论与方法[M].武汉:中国地质大学出版社,2009.
[14] 郝光安.乒乓球技战术训练与提高[M].北京:金盾出版社,2010.
[15] 马丽.乒乓球运动的多维度研究与技巧探索[M].北京:中国纺织出版社,2015.
[16] 张诗雄.乒乓球、羽毛球、毽球[M].西安:西安电子科技大学出版社,2016.
[17] 吴飞,陈占奎.乒乓球实战攻防技术[M].北京:金盾出版社,2016.
[18] 郎朝春.乒乓球项目产业化的思考[J].产业与科技论坛,2013,12(17):22-23.
[19] 魏涛,蔡姗姗.乒乓球超级联赛俱乐部产业化发展的战略管理[J].四川教育学院学报,2011,27(7):34-36.
[20] 朱欢,费加明.审视与思考:中西方乒乓球技术发展理念之比较[J].宜

春学院学报,2014,36(6):118-120.

[21] 陈新.当前乒乓球运动的发展与困境[J].体育人文社会学,2013,3(28):142.

[22] 蒋铁.制约乒乓球发展的因素和发展方向[J].产业经济,2012(8):29.

[23] 宣婴,刘畅,翟永新.我国乒乓球职业联赛发展的问题探析[J].知识经济,2015(3):150.

[24] 钮力书,黄志玲.中国乒乓球俱乐部现状浅析[J].山西师大体育学院学报,2005,20(4):10-12.

[25] 兰彤.从俱乐部"壳"资源转让看中国乒乓球超级联赛的改革[J].武汉体育学院学报,2008,42(3):77-81.

[26] 佟殿武,何翠.论乒乓球的教育思路[J].中国校外教育,2014(16):151.